企·业·家 QIYEJIA

世界船王
包玉刚

郭艳红 编著

SHIJIE CHUANWANG BAOYUGANG

辽海出版社

图书在版编目(CIP)数据

世界船王包玉刚／郭艳红编著. —沈阳：辽海出版社，2017.6
ISBN 978－7－5451－4205－1
Ⅰ.①世… Ⅱ.①郭… Ⅲ.①包玉刚(1918-1991)-传记 Ⅳ.①K825.38

中国版本图书馆 CIP 数据核字(2017)第 136859 号

责任编辑：孙德军　王钦民
封面设计：李　奎

出版者：辽海出版社
地　　址：沈阳市和平区十一纬路 25 号
邮　　编：110003
电　　话：024-23284381
E-mail：dszbs@mail.lnpgc.com.cn
http://www.lhph.com.cn
印刷者：北京一鑫印务有限责任公司
发行者：辽海出版社

幅面尺寸：155mm×220mm
印　张：14
字　数：218 千字

出版时间：2017 年 7 月第 1 版
印刷时间：2017 年 8 月第 1 次印刷
定　价：29.80 元

《世界名人传记文库》编委会

主　编　　游　峰　　姜忠喆　　蔡　励　　竭宝峰　　陈　宁　　崔庆鹤
副主编　　闫佰新　　季立政　　单成繁　　焦明宇　　李　鸿　　杜婧舟
编　委　　蒋益华　　刘利波　　宋庆松　　许礼厚　　匡章武　　高　原
　　　　　　袁伟东　　夏宇波　　朱　健　　曹小平　　黄思尧　　李成伟
　　　　　　魏　杰　　冯　林　　王胜利　　兰　天　　王自和　　王　珑
　　　　　　谭　松　　马云展　　韩天骄　　王志强　　王子霖　　毕建坤
　　　　　　韩　刚　　刘　舫　　宫晓东　　陈　枫　　华玉柱　　崔　武
　　　　　　王世清　　赵国彬　　陈　浩　　芝　鼐　　姜钰茜　　全崇聚
　　　　　　李　侠　　宋长津　　汪　裴　　张家瑞　　李　娟　　拉巴平措
　　　　　　宋连鸿　　王国成　　刘洪涛　　安维军　　孙成芳　　王　震
　　　　　　唐　飞　　李　雪　　周丹蕾　　郭　明　　王毓刚　　卢　瑶
　　　　　　宋　垣　　杨　坤　　赖晖林　　刘小慈　　张家瑞　　韩　兆
　　　　　　陈晓辉　　鲍　慧　　魏　强　　付　丽　　尹　丛　　徐　聪
　　　　　　主勇刚　　傅思国　　韩军征　　张　铧　　张兴亚　　周新全
　　　　　　吴建荣　　张　勇　　李沁奇　　姜秀云　　姜德山　　姜云超
　　　　　　姜　忠　　姜商波　　姜维才　　姜耀东　　朱明刚　　刘绪利

	冯　鹤	冯致远	胡元斌	王金锋	李丹丹	李姗姗
	李　奎	李　勇	方士华	方士娟	刘干才	魏光朴
	曾　朝	叶浦芳	马　蓓	杨玲玲	吴静娜	边艳艳
	德海燕	高凤东	马　良	文　夫	华　斌	梅昌娅
	朱志钢	刘文英	肖云太	谢登华	文海模	文杰林
	王　龙	王明哲	王海林	台运真	李正平	江　鹏
	郭艳红	高立来	冯化志	冯化太	危金发	仇　双
	周建强	陈丽华	叶乃章	何水明	廖新亮	孙常福
	李丽红	尹丽华	刘　军	熊　伟	张胜利	周宝良
	高延峰	杨新誉	张　林	魏　威	王　嘉	陈　明
总编辑	马康强	张广玲	刘　斌	周兴艳	段欣宇	张兰爽

总 序

  我们每个人心中都有自己崇拜的名人。这样可以增强我们的自信心和自我认同感，有益于人格的健康发展。名人活在我们的心里，尽管他们生活在不同的时代、不同的国度、说着不同的语言，却伴随着我们的精神世界，遥远而又亲近。

  名人是充满力量的榜样，特别是当我们平庸或颓废时，他们的言行就像一触即发的火药，每一次炸响都会让我们卑微的灵魂在粉碎中重生。

  名人带给我们更多的是狂喜。当我们迷惘或无助时，他们的高贵品格就如同飘动在高处的旗帜，每次招展都会令我们幡然醒悟，从而畅快淋漓地感受生命的真谛。只要我们把他们视为精神引领者和行为楷模，就会不由自主地追随他们，并深刻感受到精神的强烈震撼。

  当我们用最诚挚的心灵和热情追随名人的足迹，就是选择了一个自我提升的最佳途径，并将提升的空间拓展开来。追随意味着发现，发现名人的博大精深，发现时代赋予我们的使命，发现最真实的自我；追随意味着提升，置身于名人精神的荫蔽之下，我们就像藤蔓一般沿着名人硕大粗壮的树干攀援上升，这将极大地缩短我们在黑暗中探索的时间，从而踏上光明的坦途。

不要说这是个崇尚独立思考的年代，如果我们缺乏敬畏精神，那么只能让个性与自由的理念艰难地生长；不要说这是个无法造就伟人的年代，生命价值并不在于平凡或伟大。如果在名人的引领下，读懂平凡世界中属于自己的那本书，就能够成为最好的自己。

名人从芸芸众生中脱颖而出，自有许多特别之处。我们追溯名人成长的历程，虽然每位人物的成长背景都各不相同，但或多或少都具有影响他们人生的重要事件，成为他们人生发展的重要契机，并获得人生的成功。

名人有成功的契机，但他们并非完全靠幸运和机会。机遇只给有准备的人，这是永远的真理。因此，我们不要抱怨没有幸运和机遇，不要怨天尤人，我们要做好思想准备，开始人生的真正行动。这样，才会获得人生的灵感和成功的契机。

我们说的名人当然是指对世界和人类做出突出贡献的伟大人物，他们包括著名的政治家、军事家、发明家、文学家、艺术家、思想家、哲学家、企业家等。滚滚历史长河，阵阵涛声如号，是他们，屹立潮头，掀起时代前进的浪花，浓墨重彩地描绘着人类的文明和无限的未来，不断开创着辉煌的新境界和新梦想，带领我们走向美好的明天。

政治家是指那些在长期政治实践中涌现出来的具有一定政治远见和政治才干、掌握权力，并对社会发展起着重大影响作用的领导人物。军事家是指对军事活动实施正确指引或是擅长具体负责军事行动实施的人，一般包括战略军事家和战术军事家。

政治家、军事家大多充满了文韬武略，能够运筹帷幄，曾经叱咤风云，纵横天地，创造着世界，书写着历史，不断谱写着人类的辉煌篇章，为人们留下了许多宝贵的精神财富和物质财富。

科学发明家是指专门从事科学研究和发明，并做出了杰出贡献的人士。他们从事着探索未知、发现真相、追求真理、改造世界和造福人类的大学问。他们都有献身、求实、严谨和持之以恒的精神，都具有一颗好奇心。从好奇心出发，他们希望探知事物规律，具有希望看到事物本质一面的强烈意识与探索激情。还有就是他们都有恒心，他们在科学研究中不断努力，努力，再努力，锲而不舍，具有永不止步的追求精神。

文学家是指以创作文学作品为自己主要工作的知名人士和学者等。其中，诗人是指诗歌的创作者，小说家指小说创作者，散文家指散文创作者，而文学家则是指在诗歌、小说、散文、戏剧等各种文学体裁领域均取得一定成就的创作者，他们是人类精神财富的创造者。

艺术家是指具有较高审美能力和娴熟创作技巧并从事艺术创作劳动而具有一定成就的艺术工作者。进行艺术作品创作活动的人士，通常指在绘画、表演、雕塑、音乐、书法及舞蹈等艺术领域具有比较高的成就，并具有了一定美学造诣的人。他们是生活中美的发现者和创造者，极大地丰富着我们的生活。

哲学家、思想家是指对客观现实的认识具有独创见解并能自成体系的人士。思想主要是用言语和符号来表达的，而致力于研究思想并且形成思想体系的人就是哲学家、思想家。他们用独到的思想解决生活中遇到的问题，且在此过程中逐渐认识自我与宇宙，以此解决人们思想认识上矛盾迷惑的问题。他们是我们人类灵魂的工程师，塑造着我们的人格，探讨所有人类重要的问题和观念，并创造出一种思考和思想的能力，闪烁着智慧的光芒，照耀着人类前进的步伐，推动着人类思想和精神不断升华，使人类不断摆脱低级状态，不断走向更高境界。人是有思想和精神的高级动物，因此，哲学家和思想家是人类不可或缺的，是我们人类的伟大导师。

企业管理家是最直接创造财富的人。他们创造物质财富，推动社会不断进步，使得人们更加幸福。财富虽然只是一个象征，但它与人们的生活、国家的发展、民族的强盛等息息相关。企业家也创造巨大的精神财富，他们在追求财富过程中所表现出来的创新、冒险、合作、敬业、学习、执著、诚信和服务等精神，是我们每一个人学习的榜样。

我们追踪这些名人成长发展过程中的主要事件，就会发现他们在做好准备进行人生不懈追求的进程中，能够从日常司空见惯的普通小事上，碰撞出思想的火花，化渺小为伟大，化平凡为神奇，从而获得灵感和启发，获得伟大的精神力量，并进行持久的人生追求，去争取获得巨大的成功。

影响名人成长的事件虽然不一样，但他们在一生之中所表现出来的辛勤奋斗和顽强拼搏的精神，则大同小异。正如爱迪生所说："伟大人物最明显的标志，就是他们拥有坚强的意志，不管环境怎样变化，他们的初衷与希望永远不会有丝毫的改变，他们永远会克服一切障碍，达到他们期望的目的。"

爱默生说："所有伟大人物都是从艰苦中脱颖而出的。"因此，伟大人物的成长也具有其平凡性。正如日本著名歌人吉田兼好所说："天下所有伟大人物，起初都是很幼稚且有严重缺点的，但他们遵守规则，重视规律，不自以为是，因此才成为名家并进而获得人们的崇敬。"所以，名人成长也具有其非凡之处，这才是我们应该学习的地方。

英国著名哲学家培根说："用伟大人物的事迹激励青少年，远胜于一切教育。"为此，本套作品荟萃了古今中外各行各业最具有代表性的名人，阅读这些名人的成长故事，探知他们的人生追求，感悟他们的思想力量，会使我们从中受到启迪和教育，让我们更好地把握人生的关键，让我们的人生更加精彩，生命更有意义。

简 介

包玉刚（1918—1991），名起然，浙江宁波人。出生在浙江宁波一个小商人家庭，父亲包兆龙是一个商人，常年在汉口经商。1946年，包兆龙与人合资在上海开办国丰造纸厂。

1949年年初，包兆龙与父亲一起携带数十万元的积蓄，到香港另闯天下。

1955年，包玉刚成立了"环球航运集团有限公司"，并与日本一家船舶公司谈妥，将"金安号"转租给这家公司，从印度运煤到日本，采取长期出租的方式。1967年，公司扩展为环球航运集团，包玉刚任主席、名誉主席。1985年，包玉刚又以5亿新加坡元夺得英资集团会德丰股权，成为继李嘉诚入主和记黄埔之后，夺得英资四大洋行的第二个香港人。1986年，包玉刚又一举收购香港另一个发钞银行渣打银行14.5%的股份，成为该行最大的个人股东。

1991年9月23日，包玉刚因病在家中逝世，享年73岁。

包玉刚是当年世界上拥有10亿美元以上资产的12位华人富豪之一，是世人公推的"华人世界船王"。

1978年，包玉刚的"海上王国"达到了顶峰，稳坐世界十大船王的第一把交椅，香港十大财团之一，是第一个进入英资汇丰银行的华人董事。

1976年，他被英国女王封为爵士。1985年起，担任中华人民共和国第七届全国人大常委会委员。

包玉刚热爱祖国，拥护"一国两制"政策，任香港特别行政区基本法起草委员会副主任委员。他一生自奉节俭，乐善好施，热情支持祖国建设，先后捐资兴建北京兆龙饭店、上海交通大学兆龙图书馆、杭州包玉刚游泳池等，又发起设立包兆龙、包玉刚中国留学生奖学基金，捐款赈济灾民，促进故乡建设。

包玉刚在短短20年左右的时间里，建立了一支世界上最庞大的船队，其发展过程是神话式的，其业绩是辉煌的，于是有人用"前不见古人，后不见来者"来形容包玉刚的航运事业。

当世界航运业处于萧条之时，包玉刚远见卓识，力挽狂澜，避过了其他船王无法幸免的灭顶之灾。后来一举购买两大英资银行，被称为"最后的雄狮"。这两项世纪收购的意义在于：一方面，它使包氏家族庞大的资产从漂流的海上成功地转移到陆地上，建立起一个"永不沉没的商业王国"；另一方面，它有助于扭转香港经济命脉向来为英资所垄断的形势。

包玉刚的一生是奋斗与拼搏的一生，同时也是具有传奇色彩的一生。人们可以从他身上借鉴到许多对自身奋斗有益的东西。

目　录

聪颖天资出少年 ………………… 001
勇当军乐队旗手 ………………… 009
求学心切离家乡 ………………… 014
汉口继续求学路 ………………… 020
初当学徒吃一堑 ………………… 025
奉双亲命回乡完婚 ……………… 033
战乱夫妻相濡以沫 ……………… 036
巧遇亲戚互相帮助 ……………… 040
面对乱局巧妙应对 ……………… 044
下定决心离开上海 ……………… 050
携家赴港举步维艰 ……………… 053
小本经营开始起步 ……………… 057
为了梦想投资航运 ……………… 062
倾产举债旧船起家 ……………… 066
薄利长租初获成功 ……………… 072
身体力行诚信为本 ……………… 079
策略营销吸引油商 ……………… 086

巧借外力发展船队 …………………………… 090
终成一代世界船王 …………………………… 098
审时度势预见危机 …………………………… 103
登陆首战投资股票 …………………………… 109
打响九龙仓收购战 …………………………… 114
斗智斗勇周密安排 …………………………… 119
世纪收购大获全胜 …………………………… 126
下定决心收购会德丰 ………………………… 131
收购会德丰再显神威 ………………………… 137
发展航空投资港龙 …………………………… 141
投资银行改革渣打 …………………………… 147
心系祖国参政议政 …………………………… 152
为香港回归出钱出力 ………………………… 159
捐资修建兆龙饭店 …………………………… 165
荣归故里创办大学 …………………………… 168
拜师母建中兴中学 …………………………… 174
勤俭持家报效祖国 …………………………… 179
宣布退休女婿继位 …………………………… 184
最后一击留下遗憾 …………………………… 194
一代船王溘然谢世 …………………………… 198
船王葬礼极尽哀荣 …………………………… 202
附：年　谱 …………………………………… 209

聪颖天资出少年

1918年，第一次世界大战结束。

此时，中国却依然陷于军阀混战之中。江南名城宁波似乎并未受到战乱影响，依然商旅匆匆，繁忙如旧。

在宁波附近一个叫镇海的小镇里，有一个钟包村。农历十月十三这天，寒风呼啸，包兆龙步履匆匆地从湖北汉口到宁波，赶回钟包村。

包兆龙与父亲在湖北汉口开了一家鞋铺，他因此也常年不在家。但今天他急着赶回来，是因为接到妻子捎来的信，说她马上就要生孩子了。虽然包兆龙已有长子玉书、长女爱菊，但仍旧对即将出生的孩子有一种特殊的渴望。

包兆龙的妻子叫陈赛琴，出身于名门望族，是一位传统的大家闺秀。包兆龙在外做生意，陈赛琴就在家里带着一子一女，孝敬婆婆。她勤劳善良，和睦乡亲，大小事务都亲力亲为，在街坊四邻中有很好的声誉。

夜晚，宁波的钟包村一片寂静，在一座叫后新屋的大宅里，包兆龙在院里不安地走来走去。屋外的天很冷，在院旁的小屋里，烛光透着温暖。这天晚上，包兆龙一家焦急地等待着。

包兆龙又走进屋内，在外屋不停地来回走动着，隔一会儿就到门口探听一下。玉书和爱菊也时刻盼着小弟弟或小妹妹的降临。

终于，包兆龙听到了响亮的婴儿啼哭声。他急忙向内屋门口走去，迎面正遇上满面笑容向外走的接生婆，她对包兆龙高声说："恭喜呀，夫人生了一个大胖小子。"

包兆龙高兴得差点跳起来："啊，又是一个儿子！太好了！赶紧抱出来让我瞧瞧！"

一个女佣把孩子抱了出来，包兆龙惊喜地接了过来。他看着虎头虎脑的儿子正用大大的眼睛看着自己，不由得心里有一种说不出的喜悦，慈爱溢于言表："儿子，我的儿子，包家又有后了！"

在封建社会里，儿子是家族得以发展的征兆。包兆龙想，又生了一个儿子，日后自己的生意肯定后继有人了。

他笑着面对周围的人，想着给他取个什么名好呢？包兆龙一眼瞥见桌上燃烧的蜡烛，"嗯，这个孩子就叫起然吧！'起'是他们这一辈的'排行'，而且还有'永不停顿'的意思；而'然'者'燃'也，表示像火一样燃烧！"

一屋子人都被包兆龙这文绉绉的话说乐了。

包兆龙接着说："起然，起然，再给他取一个表字，就叫'玉刚'吧！希望他长大成人后具有玉一样的刚正不阿、洁身自爱的品质。"

刚刚降生的婴儿——小小的包玉刚就这样拥有了自己来到世间的"名誉权"。

之后的几年，包玉刚又有了弟弟玉星和妹妹美菊、素菊、丽菊，包兆龙希望子女都像白玉一样无瑕，像菊花一样高洁。姐妹兄弟7个跟着祖母和母亲在家里生活，其乐融融。

包玉刚家后面的新屋是个很大的宅子，年幼时的他，或许在捉迷藏时曾绕到过老屋的后头，在那里的堂屋上，看到成了房门的8块屏风上密密麻麻刻满了字。字体呈黑色，上面讲述的，是建造这座祖屋的包家先祖的一个故事。

8块屏风每扇高1.15米，宽0.46米，全文共605个字，阳刻，颜体字迹极为秀美，是鄞县一个叫洪家滋的人写的，刻于20世纪初期。

屏风上那些黑色的文字被称作《恭录后新屋记》，上面记载的正是包玉刚的太祖父包奎祉的诚信故事：

清朝光绪年间，镇海钟包村有个读书人叫包奎祉，此人潜心读书，数次去参加科考，都没有中，后来做起了丝绸生意。因为家里穷，包奎祉做的是小本生意，一年赚不了多少钱。

有一年，他路过天台，看到天色已晚，就和挑夫到一家客栈住宿，客栈里大多是赶路的生意人，第二天没等天亮，大家就吵吵嚷嚷地起床赶路，包奎祉也和挑夫一大早出了门。

一路无话。

走了一天，晚上照例是投宿客栈。

疲倦的包奎祉打开包袱，赫然发现自己的旧衣服，变成了绫罗绸缎，还夹着5000两白银的汇票和200两纹银。

包奎祉以为挑夫贪心拿了别人的东西,当即责问挑夫,挑夫委屈地说:"我们走时,房间里就剩这么一包了,我又怎么知道不是你的?"

包奎祉不作声了,挑夫说得也有道理。他再翻一遍包袱,想找到失主的地址之类的凭证,却没有发现蛛丝马迹。

包奎祉心急如焚,顾不得旅途劳顿和路程遥远,立即返回原来那间客栈。一打听,才知道失主曾回来寻找,但已不知去向。他等了3天,仍不见有人来取,而自己再等下去生意就做不成了,只好在客栈的墙上写下认领地址。

一年过去了,让大家没想到的是,原先的失主竟然又住到了这家客栈,看到了那则认领的消息。失主很快赶到镇海,于是包奎祉一分不少地奉还了原物。

失主是福建一位大商人,专做木材生意的,他见失物丝毫无损,没想到会碰上这么一个好人,于是要留下200两白银作为酬金。

包奎祉婉言谢绝,他真诚地对木材商人说:"不是自己的东西,我不能拿,这是为人之本。"

木材商深受感动,邀请包奎祉一起做生意。

3年后,包奎祉开始独立经营木材生意。

做木材生意赚到些钱后,包奎祉便回家建了一幢五间二弄一堂的新屋和包氏宗祠。

包玉刚拉着母亲的手,要母亲给他讲屏风上的故事。

听了故事后，包玉刚小小的心灵里意识到：太祖父给后人留下的不仅是一座房子，也留下一个清白做人的道理。

包兆龙虽然常年在外，但对孩子们的要求从来也没有放松过，他知道包家现在是富裕家庭，但是"创业难，守业更难"，要使包家能够延续好的门风，必须让孩子们接受良好的教育。于是包兆龙决定，把包玉刚和包玉星送进有名的好学校——叶氏中兴小学，让儿子们从小打下坚实的文化基础。

叶氏中兴小学是宁波著名的学校，由清末实业家叶澄衷于1871年创办。学校对学生严格要求，校风很好，多年来，培养出了一大批优秀人才。

在学校里，包玉刚表现出其聪颖的天资，而且勤奋好学，诚实稳重，无论在家还是在学校，都受到家人、乡亲和老师、同学的喜爱。

俗话说，三岁定八十。童年是一个人的性格形成的重要阶段，而幼年所受的教育，足以影响人的一生。包玉刚是幸运的，他在叶氏中兴小学遇到了几位好老师，其中有一位便是丁伯荣先生。

这位先生主张实施儒家"因材施教"的方法，十分注重启发学生的自觉性，同时还注意培养学生的爱好和激发学生的学习兴趣。

丁伯荣先生指导学生成立了一个"中兴学生自治会"，下设宣传部、司法部、体育部、康乐部、福利部等，并选出愿意为大家服务的"小公仆"，让学生自己管理自己。

丁伯荣老师还指导学生们自己编辑出版一种名为《钟声》的墙报。

在办墙报过程中，包玉刚充分显示了他的文采。他写的文章简洁明了、生动活泼，很快就成为学生中出类拔萃的撰稿人，并被同学们称为"秀才"。

另外还有一位支家英老师，他多才多艺，数理化样样精通，音乐绘画无所不能，并且还能讲一口流利的、发音标准的英语。包玉刚从支家英老师那里受到了英语的良好启蒙。

在支家英老师的帮助下，包玉刚的英语说得既漂亮又有条理。而包玉刚本人踏实、稳健的作风更是得益于这位恩师的栽培。

包玉刚跟"学生自治会"的第一任司法官王雨功是最要好的朋友。王雨功处事公正无私，尽心尽力，在同学中有很高的威信。

有一次，包玉刚发现有一个大同学欺负一个小同学，他正要上前打抱不平，恰好这时王雨功走出来，他看到小同学忍无可忍之下奋起反抗那个大同学，就以为是那个小同学不遵守规矩，便武断地判罚那个小同学到墙角站着去。

那个小同学感到受了"错判"，委屈地哭了起来。包玉刚当即上前，与王雨功理论，说明了他看到的真实情况。王雨功再次细问，这才纠正了这起"错案"。

事发当天，正好包兆龙从汉口赶回家。包玉刚就把这件事告诉了父亲。

包兆龙听了非常高兴，他对包玉刚说："孩子，你做得对，为人就是不仅要严于律己，洁身自爱，更要仗义执言，主持公道。"

年幼的包玉刚上学读书十分用心，各门功课的成绩在班上名列前茅。他有一个最大的爱好，就是欣赏海景和看船。

宁波市地处东海之滨，位于余姚江和奉化江汇合之处，简称"甬"。东北和镇海交界，西与西北面和余姚、慈溪接壤，南和郭县毗邻。

宁波市是浙江省最大的港口城市，历来在海上贸易都占有重要的地位。早在两汉、三国时期，舟师出海，多从这里起航。唐代时，它就与日本、朝鲜、柬埔寨、越南、泰国诸多国家有通商往来，是当时我国对外贸易的中心之一。

明清之际，宁波海运远及西洋，商贾往来频繁，成为全国的重要商埠。鸦片战争以后，根据不平等条约的规定，宁波成为"五口通商口岸"之一，外国侵略者在江北设立领事馆和洋行，销售洋货曾引起一种畸形的繁荣景色。

宁波市内有一条江厦街，在唐宋年间就是手工业的发源地，到了明清时便成为一条繁荣的街道，里面陈列着五颜六色、千奇百怪的商品，可以说应有尽有，商人往来如梭，商贩之多好像浓云遮地，故宁波商人外出经商有思乡之念。每当月圆思乡之时，宁波人便会感叹"走遍天下，不如宁波江厦"。

在长期的商事活动中，宁波商人逐步形成一个群体，即"宁波帮"，它与"福建帮""潮州帮"齐名。

此外，宁波人素来还有漂洋过海经商的传统。据有关资料记载，在海外的宁波籍人士有30多万人，在海外商界形成具有强大实力的"宁波帮"，其中不少为商界翘楚。如包玉刚，以及影业巨头邵逸夫、香港南丰纺织有限公司董事长陈廷骅、美国全美中华总商会董事长应行久等。

宁波有两个天然深水良港，一是镇海港，一是北仑港，在包玉刚的童年时期，这里是各地客商、附近渔民以及来自中东、欧洲的航海家避风、休整和补给的理想之所。

包玉刚的家所在的钟包村，离海并不近，但自从有一次包玉刚跟父亲到镇海去了一趟之后，他就念念不忘那无边的大海和海上的商船，为此，童年的包玉刚没事的时候就到海边去，看大海，也看海上那些来来往往的船。

包玉刚最喜欢的声音就是轮船驶过时传出的阵阵汽笛声，他不时在脑海中幻想着：有朝一日，如果有一艘自己的航船，他将驾驶着它周游世界，那是多么美妙的一件事啊！

包玉刚把"航海"的种子埋在了心里，他决心要好好学习，掌握知识，为将来实现自己的愿望打下一个良好的基础。

勇当军乐队旗手

一晃几年过去了,包玉刚已经读到小学高年级了。这时,镇海县要举行一次小学生运动会。

这可是一件很轰动的大事,通知发到了各个小学,学校领导和师生们都兴奋异常,大家都希望能在这次运动会上取得好的名次,为本校争光。

中兴小学也积极地投入准备之中,校长想出一个奇招:组成一支军乐队来参加运动会开幕式!这一想法一经说出,全校上下齐声喊好!

接着,校长又布置下任务:军乐队队员要穿着统一的制服,还要制作一面"中兴小学"的大旗。校长说:"嘿,你们想一下,等咱们的军乐队在雄壮的鼓乐声中,踏着整齐的步伐,率领着全体运动员进入会场,那场面……"

一名老师接口说:"肯定会引起全场……不,全县轰动!"

校长得意地笑了:"那是当然的,我这个想法算得上是一记妙招吧?哈哈……好了,现在我们就要在全校学生中选拔鼓手、号手和旗手。"

另外一名老师提议:"首先要确定鼓手和旗手的人数和要求,我建议:鼓手8名,一律中等身材,高矮一致,而且最好挑长得好看一些的;而号手吗?就加一倍,16名,在鼓手后面,身材要高大、壮实一些;而大鼓鼓手,就让全校最高的张惠耀同学来担任好了。"

接着老师们又商量了另外一些鼓手的人选……

两天后,25人的队员名单公布了。这使原本信心满满的包玉刚的情绪一落千丈:上面竟然没有自己!

包玉刚站在一棵大树下,远远地注视着公告栏前兴高采烈的学生们,心里非常郁闷:"按理讲,我在学校是一个品学兼优的学生,而且相貌和身材也都属上乘,怎么连个小鼓手也选不上呢?"

正在包玉刚又羡慕又伤感的时候,支家英老师突然来到了他的身旁。他一直对包玉刚很好,既像哥哥又如父亲,他早就看到包玉刚不言不语地站在树下了。

于是走过来,拍了拍包玉刚的肩头:"怎么了,包玉刚同学?"

包玉刚面对着自己格外敬重和依赖的支家英老师,就把自己的想法全盘告诉了他。

支家英老师听了微微一笑说:"本来我一开始就支持你参加军乐队。但是我却不想让你当鼓手。"

包玉刚一下听迷糊了:"那您是什么意思?"

支家英老师一字一顿地说: "我——要——你——当——旗——手!"

包玉刚一下愣住了,他抬起头凝视着支家英老师。

支家英对他肯定地点了点头。

包玉刚一下兴奋起来:"这是真的吗,支老师,我能够成为军乐队唯一的旗手!?"

支家英笑了笑,然后神情严肃地说:"你先别高兴得太早了,听我说。校长对乐队的每个队员要求都很高,尤其是旗手,那更是精挑细选。校长再三强调,旗手不但要学习好、品德好,而且相貌和身体都要是一流的。最重要的一条,这个旗手一定是一个能吃苦、做事稳重、临场不惊的人。"

包玉刚听了,心里很是忐忑:自己够不够格呢?

支家英老师接着说:"我已经向校长推荐了你。不过你自己要做好充分准备,旗手在场上不能出一点儿差错。告诉我,你有没有这个信心?"

包玉刚思索了一下,然后坚定地告诉支家英:"老师,您能从全校这么多学生中选我做旗手,我一定不辜负您对我的期望,勤奋练习,圆满完成任务,您就放心吧!"

支家英听了,欣慰地笑了。接着,他拉着包玉刚的手说:"但是,包玉刚啊,你先别把这件事说出去,好吗?自己私下里练习,等学得有模有样了,再走出去,那时才会有让人意想不到的效果!"说着,支家英有些"诡秘"地笑了。

包玉刚也笑了。

于是,包玉刚一放学就把自己闷在家里练习。而且也不想让家里人知道他将要成为旗手了!

那段日子,包兆龙刚好回钟包村小住。中兴小学要组建军乐队的事早就传开了,好多家长都说:"这可真是个大新鲜事!谁家的孩子要是能参加军乐队,那可真光荣!……不过,听说军乐队选得可严了,必须要品学兼优的学生才能入选。"

包兆龙也产生了兴趣，他到家长中一打听，却听说并没有包玉刚的名字。他心里感到有些纳闷，想问问包玉刚，又怕伤了儿子的自尊心，只好找机会再说吧！

包兆龙暗暗地观察着包玉刚，他奇怪地发现，一连几天，包玉刚放学一回到家里，就把书包一放，痴迷地摆弄一根竹棒。

这下包兆龙误会了，他生气地走上前去，一把夺过包玉刚手里的竹棒，训斥道："往常我回来时，见到你一回到家里，就拿着书认真地读，可现在你却在玩一根打狗棍。乡亲们还总在我面前说你如何如何聪明好学，才能出众。但是现在呢？我听说你没有入选军乐队，我顾及面子没有问你，现在你一放学连书也不看了。我已经发现你好几天都这样，太不像话了，莫非你想学坏不成？我平日怎么教你的，'人贵在进取，不可玩物丧志'。难道你都忘了吗？"

包玉刚从没受到父亲如此严厉的训斥，当时委屈得眼泪都快出来了。他想对父亲解释他"摆弄"竹棒的原因，但是转念一想，他又把这个秘密硬生生地吞进肚里，听话地进屋里看书去了。心里想：等到开运动会的那天，您一定就会知道，儿子并非玩物丧志！我一定要为学校，也为父母争光！

从此，包玉刚就改变了上学和回家的时辰，他比平时早半个时辰离家，而回家也要比平时晚一些。

包兆龙过了几天就回汉口忙生意去了。陈赛琴则以为儿子学习更刻苦了，就每天做一些包玉刚爱吃的饭菜。

一个多月过去了，运动会如期召开，开幕式场面热闹非凡，上千人围观。

首先进场的是中兴小学代表队。只听见大鼓"咚咚咚"敲了3下，雄壮的鼓号声随之有节奏地响起。在鼓号声中，大家看到在一面绣着"叶氏中兴小学"6个大字和一个古铜色钟形校徽的白纺绸校旗引导下,一队服饰统一的军乐队踏着整齐的步伐走进会场,后面是精神抖擞的运动员。

大小鼓手按着旗手的步伐节奏敲鼓,号手则和着鼓点吹奏出激动人心的进行曲。旗手始终昂首挺胸,目不斜视,高高擎着校旗,保持着45度角向前行进。校旗迎风飘扬,旗手精神抖擞,动作那么老练娴熟,俨然训练有素的样子。

大家定睛一看,这个英姿飒爽的旗手就是包玉刚!刹那间,观众向他报以热烈的掌声和喝彩声。

这次开幕式,中兴小学出尽风头,包玉刚也给大家留下了深刻的印象。包玉刚心里深深地感谢支家英老师,是支老师给了他锻炼的机会,给了他展现自我的信心。

求学心切离家乡

时间一天天、一年年过去了。包玉刚随着年龄的增长，渐渐地不再满足在宁波读书学习了。虽然中兴小学是好学校，他也遇到了好老师，自己也学到了很多东西。但是，自己的好奇心，却离学校所学的四书五经之类越来越远了。

多少个日子，包玉刚总爱坐在寝室的一扇窗前，望着远处的江面，望着穿梭的商船，看着滔滔江水，他脑海中浮现出"滚滚长江东逝水，浪花淘尽英雄"的词句，心里更有了一个强烈的念头："外面的世界是什么样子的?!"

父亲包兆龙每次从汉口回来，就给他讲武昌发生的事情："武昌是最先进行革命的地方，现在几乎已经成为中国的政治、经济和文化中心……"并且鼓励包玉刚："好男儿志在四方，终有一天，你要走出去，到外面看看大千世界！"

从那时起，包玉刚就充满了去武昌的渴望。此时，包玉刚感到学校里学习的东西与时代相去甚远，更萌发了要到武汉去读书的愿望。这天晚上，包玉刚思索再三，终于下定决心，走进了母亲的房间。他鼓起勇气对母亲说:"娘,我想到汉口读书,去和父亲在一起。"

陈赛琴听了一愣,不由放下了手中的活计。她看着一脸郑重的包玉刚,上前摸着儿子的头说:"你要去汉口?傻孩子,净胡思乱想。你知道咱们这里离汉口有多远吗?娘要在家里照顾一大家子人,又没办法送你去,你父亲最近也去北方了,你这么小,这一路上有多么危险,你怎么去得了呢?"

包玉刚脸都涨红了,他坚持着:"娘,武汉的教育要比咱们这里好得多,我到那里去,肯定能学到更多的东西。爹常教育我们'好男儿志在四方',要走出去开阔眼界。我已经不小了,也应该到外面去看看了。"

陈赛琴听到儿子的话,很是欣慰:"你能这么想,娘当然很高兴。娘也不是要阻止你去汉口读书,只是你的确还很小啊!你知道外面乱成什么样子了吗?现在全国局势有多么动荡吗?我听你爹说,国民党正在搞什么宁汉分裂,到处都兵荒马乱的,我可不放心你一个小孩子出去乱闯。"

母亲的担心是有道理的。1925年,孙中山先生逝世,蒋介石北伐,定都南京。1927年,蒋介石、汪精卫决心清洗国民党内的共产党人,国民党内的胡汉民、宋庆龄等则在武汉成立国民革命政府。因为要去汉口,需要从庄市乘船到镇海,再由镇海途经上海,最后由上海乘船到武汉,路途遥远,外加当时时局极不稳定、社会动荡,母亲当然不同意了。

包玉刚见母亲态度坚决,就只得打消了去武汉的念头。但是,这个想法在心头却一直没有丝毫减退。

又过了3年,包玉刚长得更高更结实了。这时,他觉得是时候说服母亲了。其实,陈赛琴也早就写信把包玉刚的想法告诉了包兆龙,包兆龙也一直盼着包玉刚有朝一日能够来汉口帮自己做生意。

陈赛琴觉得,3年前是因为儿子的年纪太小,还无法照顾自己,现在儿子已经长成了一个翩翩少年,也有能力照顾自己了,确实不能一直把他拴在身边,也应该让他去见识一下外面的广阔天地了。

这天,包玉刚又向母亲提出要去汉口的想法时,母亲笑着把一封信递到了包玉刚手里。包玉刚打开一看,原来父亲已经在信中说明了包玉刚如果要去汉口的话,应该走哪条路线,一路上应该注意哪些事情。他看了信兴奋地说:"爹也盼着我去呐!"

陈赛琴仍然问包玉刚:"你敢一个人去吗?"

包玉刚马上回答:"当然敢!娘,你看,我现在已经比您都高出半头了,我早就是大人了。洗衣、做饭这些我都会做,能照顾好自己的,您就放心吧!"

看到儿子执意要去,陈赛琴却又不放心起来:"儿啊,常言说'在家千日好,出门事事难'。现在世事纷乱,偷盗打劫、诱拐诈骗的啥人都有,你万一遇到了可怎么得了啊?"

包玉刚安慰母亲说:"娘,我长大了,什么事也都要自己经一经,而且凭我这些年在学校'学生自治会'的锻炼,办事能力大家也都一致赞扬,我想您应该相信我能应付这些事情。而且,我这几年一直在读报纸,把社会上的一些事情也都了解得差不多了。"

说到这里,包玉刚猛地站了起来,向母亲保证说:"娘,您放心吧,村里、镇上的许多孩子都是在我这个年纪出去的,您的儿子绝不会比他们差,儿子一定会干一番大事业的!一定会回来好好地报答娘亲的养育之恩!"

陈赛琴看着高大壮实的儿子，心里也很欣慰，她拉着包玉刚坐到身边，盯着儿子的脸道："常言说'物离乡贵，人离乡贱'。到了武汉，可就跟在宁波大不一样了！"

包玉刚微笑着问："有什么不一样的，不都是在中国吗？"

陈赛琴也笑了，她说："我说你是孩子你还不服气，你想一想，在咱们宁波说的是江南话，到了汉口，人家可都说的是湖北话，到时你能听得懂吗？"

包玉刚灵机一动："那他们是不是也写中国汉字呢？"

陈赛琴说："那是当然了。"

包玉刚笑了："这就没事了，即使说的话互相听不懂，但我可以用笔来跟他们说话呀，这一写，不就都能看懂了？"

陈赛琴见儿子去意已决，在担心之余，更多的是欣慰和祝福。

过了几天，陈赛琴把包玉刚带到堂屋，指着门楣上的"履安堂"3个字对包玉刚说："咱们家的人要远行，就必须到'履安堂'拜祭祖先，让祖先保佑在外一路平安，这也是告诫包家子孙在人生的道路上要小心谨慎！娘不追求什么大富大贵，只要你平平安安、顺顺利利就好，记住，凡事不可过于强求，只要问心无愧，要时时刻刻牢记咱们包家的祖训，不可妄自菲薄、不择手段，更不可作奸犯科，娘相信你一定做得到！"

包玉刚抬头看着，牌匾两侧是他再熟悉不过的那副用隶书写就的对联："龙盘虎踞称雄世界光前裕后道履绥和；凤翔燕舞慈范懿德人杰地灵居安纳福"。

一来寓意包氏以鞋业起家，建立家族根基；二来暗寓包氏的经商理念与成功秘诀——稳健。因为唯有稳健，方能迭经暗潮汹涌而履险如夷。同时也将包氏家风蕴含其中，包氏先人以"慈范懿德"

传承后世，所以能"居安纳福"。

包玉刚庄重地点了点头："娘亲的教导儿子一定铭记在心，绝不做愧对祖宗、愧对父母之事！"并依母亲的话拜祭了祖先。

包玉刚双膝跪下，郑重向祖先立下誓言："身为包家后人，在今后的日子里，自己无论走到哪里，都一定牢记祖训，克勤克俭、谨言慎行、稳扎稳打、重诚守信。"

陈赛琴把一张船票递给儿子："这是我早几天就为你订好的，先从镇海到上海，到了那里，再转乘到汉口的船。"

包玉刚虽然兴奋不已，但也满含着对母亲的依恋，默默地接过了船票。陈赛琴又嘱咐包玉刚："儿啊，到了上海，千万不要在那花花世界多耽搁，一有去汉口的船就马上起程，到时你爹会在汉口接你。"

包玉刚点头答应："娘，我都记下了。"

这天天气晴朗，空中飘浮着轻盈的白云。一大清早，陈赛琴就把包玉刚的包袱准备好了，里面放着她亲手准备的干粮、几套衣服鞋袜。包玉刚走进母亲的房间，背起了包袱。陈赛琴说："孩子，我送你到镇海。"

包玉刚看着母亲难分难舍的样子，只好答应："好吧，娘。"

母子二人来到江边，叫了一艘小船，赶赴镇海。到了码头，正好赶上开往上海的小轮船即将起航。

包玉刚与母亲在码头上依依惜别。陈赛琴握着儿子的手，眼里溢满了难舍的泪水。包玉刚的鼻子也酸酸的，但他努力克制着自己没让眼泪流出来。他为母亲擦干泪水，故作轻松地说："娘，您放心吧，您说的话我都牢记在心里了，我到汉口努力读书，您就在家等着我干了大事业回来见您吧！"

陈赛琴点着头，含泪微笑着说："好，好，我放心，你也放心去吧！"

包玉刚心中默念着："男儿有泪不轻弹，母亲含辛茹苦，守住家业，抚育儿女，作为儿女无以回报，唯有不辜负母亲的殷殷期望，作出一番成就来，才是对母亲最好的告慰！"

汽笛长鸣，轮船驶离了码头。包玉刚站在船尾，看着母亲的身影慢慢地变小，最后终于看不到了。他的眼泪一下就涌了出来！

汉口继续求学路

到了镇海,包玉刚顺利地找到了自己要乘坐的那艘去往上海的客轮。第一次坐这样的大轮船,包玉刚按捺不住心中的喜悦,兴奋地东张西望。而接下来的旅程更让包玉刚振奋不已。

当夜幕降临时,海面上一片漆黑,只能看到天幕上的点点繁星,听到海水撞击船板的声音。刚才还十分喧闹的船舱里渐渐安静下来,只是偶尔会传来人们的呼噜声和婴儿的啼哭声。

第一次独自离家的包玉刚睡意全无,他倚在自己的铺位上,不由地思念起家乡的母亲。他紧紧地捧着母亲亲手打理的包裹,里面是母亲连日来赶做的几套衣裤和几双千层底的鞋,那一针一线无不凝结着母亲的心血和期盼。一想到母亲那如同星星一般充满慈爱的眼睛,一丝伤感掠过了包玉刚的心头。

"我一定作出一番成就,让母亲以我为骄傲!"包玉刚在心里暗暗发誓。一想到这个,心中的伤感顿时被对未来的憧憬与希冀所取代。再想到自己神往已久的汉口和当船长周游世界的梦想,激情再次充满了胸膛。钱塘江水与海水互相冲击激起的阵阵涛声,隐约可闻。在这和谐静谧的大自然中，包玉刚感到了前所未有的豁达，航海的感觉真好！

包玉刚对一切都充满了好奇，对自己的未来也充满了希望。他在学校里，已经熟读过四书五经；从父亲给他带回的书籍中，了解到了康有为、孙中山等的变法和革命活动；从博学多才的支家英老师那里，知道了哥伦布、爱迪生、华盛顿、拿破仑这些世界名人的事迹。了解得越多，他感觉外面的广阔天地才是他施展男儿志向的地方。

来到上海，包玉刚看到了大上海十里洋场的繁华景象，但他没有停留，记着母亲的嘱咐，匆匆登上了西行的航船。由吴淞口沿长江溯江而上，沿途所见之景色，与从镇海到上海的大不一样。长江中下游水面宽阔浩瀚，两岸是一望无际的平原，良田万顷，稻浪翻滚。

第一次见到这样的景象，年轻的包玉刚更加感到豪情满怀，他不禁想起苏轼那首名垂千古的《念奴娇·赤壁怀古》："大江东去，浪淘尽，千古风流人物……"他顿时感到豪情满怀，力量倍增，自己将来一定要干一番大事业！

一路上，包玉刚见识到了自己以前从未看到过的景象，南京、芜湖、九江及至武汉三镇，都是物产丰富，商业繁荣，百业兴旺。他就像一只初次走出森林的小老虎，对周围的一切感到新鲜和好奇，对即将开始的新生活充满渴望。同时他也深感宁波的确太小了，外面广阔的世界才是他自由驰骋、翱翔的天地。

包玉刚在这种遐想中，不知不觉到达了汉口。船驶进了汉口港后，他随着下船的人流登上汉口码头，一抬眼，就看到父亲包兆龙正站在岸上向他挥手。他兴奋地收拾好自己的行装，奔向父亲。

包兆龙这时才30多岁，显得精明强干。父子俩已经很久没见面了，他一看到自己的儿子包玉刚长得这么高大了，非常高兴。

包玉刚走到父亲身前，心里又兴奋又自豪："爹，我自己赶过来了。"

包兆龙心中自然十分欣慰，紧紧地将儿子拥入怀中，说："好啊，那我们先回鞋店吧！"说着，接过包玉刚手中的包袱。他们一边走着，包兆龙一边向儿子打听家里人的情况，以及一路上的境遇。

包玉刚兴奋地说着："母亲和祖母都很好。我路上遇到好多做买卖的和从宁波出来找活干的乡亲，他们竟然都认出了我，在路上很照顾我，给我送吃的喝的，并且还带着我去买来汉口的船票。"

包兆龙感慨地说："是啊！这也是我们包家在当地几代行善积下的功德。要记住，永远要善待别人，这样才会有意想不到的回报。"说到这里，他又加上一句："对国家也是这样。"

包玉刚认真地听着，然后说："爹，我明白了。"

初到武汉，包玉刚白天在鞋店里帮父亲的忙，店铺打烊后就到外面去走走看看，对什么都感觉新鲜。不过他知道，自己来汉口并不是为了游玩，而是继续读书。

有一天晚上，包玉刚对父亲说："爹，我想继续读书。"

包兆龙听了疑惑地问："哦？你不是为了来帮我做生意的吗？"

包玉刚说："是，有帮您的意思。不过，我还是更希望能继续读书。"

包兆龙深思了半响，然后对包玉刚说："你想多学些知识，这当然是好事。不过现在时局动荡，你是不是应该更务实一些，学着做生意呢？你看我们宁波出来的人，都是在做生意。做生意的本事也不是天生就有的，也是需要在实际中不断学习、积累经验才行，这样才能看准时机、熟悉行情，也才能避免更多的风险。我们家几代经商，我也是一个商人，虽然我不反对你读书，但是在我的希望中，只要你能帮我，然后把生意继承下去，我就已经很满足了。"

包玉刚却说："爹，您说得也有道理。不过，我还很年轻，也许我想得更多一些。虽然我来到汉口不久，但我已经看到，国民党腐败无能，外国势力乘机扩大，现在青岛、上海、广州等城市都已经在洋人的控制之下，日本人占领我们东北，在上海的日军也是蠢蠢欲动。在国破家亡的危急时刻，我作为一个中国的青年，是不是要以自己的热血来报效祖国，以知识来挽救祖国呢？又怎么能沉迷于眼前一人一家的生意之中呢？这话也许说得重了些。

"那么，就我个人而言，我只是想能继续把书读下去。就算是单从您刚才说的角度上说，我多学些知识也是对生意有帮助的。现在很多新兴的行业都需要数学、英语、地理这类知识。所以，我想进一所中学读书，放学和假日就帮您打点生意，这样就能生意读书两不误，您看好吗？"

包兆龙看到儿子句句都说在理上，而且也看出了儿子的远大志向，于是就答应了包玉刚，托人为他在汉口找了一家中学就读。

从此，包玉刚开始了半工半读的生活。

刚到学校的时候，还真的遇到了母亲临行时所说的语言问题。

一进校门，他就感觉自己仿佛进入了另外一个世界，有点找不到"北"了。这也难怪，学校里师生们说的大都是湖北方言，而包玉刚只会说宁波话。

宁波与汉口，虽然同处于长江流域，但汉口居中游，宁波在下游，两地语言分属不同的语系，在发音、用字方面，有着天壤之别。因此，包玉刚听不懂别人说的话，别人也听不懂他说的话。尽管之前母亲已对他有所提醒，而且他也有了一些心理准备，但却没有想到差异如此之大，包玉刚难免感到有点发蒙！

不过，包玉刚没有被困难吓倒，他用心体会别人说的话，大胆与周围的人交流，遇到实在说不明白的，就用他跟母亲说的方法——用笔写下来。这个有趣的办法很快就把同学们吸引住了，大家都喜欢和这个真诚、聪明好学的宁波少年打交道。

不到半年的时间，包玉刚就已经能够用湖北话与老师和同学们进行交流了。虽然他的话语中还是带有浓重的宁波口音，但这反而让同学们觉得别有一番味道，甚至有人还去模仿他软软的宁波口音。

几年就这样过去了，除了上学，包玉刚还利用业余时间帮助父亲打理鞋店的生意，学习并积累经商的经验。包玉刚在中学里学到很多新学问，令他眼界大开，收获颇丰。

初当学徒吃一堑

转眼之间，包玉刚初中就快要毕业了。

包兆龙看着包玉刚这几年在学习中的进步，心里很高兴，但他却也有了另外的打算。在3个儿子当中，包兆龙最钟爱包玉刚，对他的希望也寄予得最多，他希望包玉刚能帮助自己把生意做大。不过，通过多次对话，他也知道包玉刚的志向绝不仅仅在于一个小小的鞋店，他有更高的理想。顺着这个思路，包兆龙又想到了另一种行业。

这天，包兆龙把包玉刚叫到跟前，对他说："玉刚，你这几年书也读了不少，在生意上也帮了我很多。但是你毕竟要到实际社会中去闯荡。现在你也快毕业了，有没有想过，把学到的知识到外面去实际运用一下？"

包玉刚没听明白："到哪里去运用？运用哪些？"

包兆龙微微一笑："这些天我都给你想好了。我在城里有个开燕梳行的朋友，他正跟我说想招一个学徒。我就把你推荐给他了。如果你要接触这种新兴行业的话，这可是一个好机会。"

包玉刚问:"燕梳是什么行业?……哦,莫非就是英文中ensurer所讲的那种保险业吗?"

包兆龙一笑:"正是,就看你愿不愿意了。"

包玉刚又感激又兴奋地说:"爹,您为我想得真周到。我很愿意去。我也听人说过,将来世界上好多行业,比如工商啊、航运啊,都需要燕梳行的参与才能够顺畅。但是……"

看到包玉刚有些犹豫,包兆龙以为他胆怯了,就鼓励他说:"不管是什么,年轻人不要前怕狼后怕虎的。你也知道燕梳行和银行、工业都有密切的关系,你到那里,会学到很多知识和经验,掌握很多技术,保你一辈子不受苦。"

包玉刚连忙向父亲解释:"爹,我不是怕,我当然很愿意去学。只不过我不想因此而丢下学业。我不但想读完初中,我还想接着读高中、读大学,我的目标是武汉大学。"

包玉刚把老师对他的教诲都铭记在心,他深深地认识到:在未来的社会上,知识会越来越重要。

包兆龙惊讶地脱口问道:"你还想读大学?!"

包玉刚目光炯炯地回答父亲:"是的,从小老师就对我们说:'万般皆下品,唯有读书高。'读了大学,那就相当于前朝的进士了,才有资格进翰林,加官晋爵。现在虽然已经不再实行科举了,但道理是一样的。多读书才能有大用处,也能够光宗耀祖!"

包兆龙还想劝包玉刚,他连忙说:"玉刚,你有远大的志向我很欣慰,不过你考虑问题现在也要实际一些……"

包玉刚不想在这件事情上让父亲伤心生气,他婉转地跟父亲商量:"爹,您为我考虑我很感谢。我也同意去燕梳行做学徒,不过我想请您也答应我一个条件。"

包兆龙差点被气乐了:"啊!什么条件?"

包玉刚看到父亲脸色缓和了一些,就说:"我想让您答应,我白天在燕梳行上班,晚上去读夜校。这样可以吗?"

包兆龙不太了解夜校,他惊奇地问:"夜校是什么学校?"

包玉刚对父亲解释说:"夜校跟正常学校学的课程是一样的,同样也可以参加升学考试。这样一来,我就能工作学习两不耽误。爹,无论社会变成什么乱样子,我都不想中断学业。您放心,我工作之后,就不用您再为我付学费了。而且以后您说什么我都答应您。只要您同意我继续读书。"

包兆龙见儿子分析得有理有据,态度也很诚恳,不由在心里暗暗地说:真是长江后浪推前浪啊,玉刚的见识比我要远远高得多了。

于是,父子俩相互妥协,达成了一个"君子协定"。

包家两代人的想法不同是容易理解的,这是由于他们所处的时代不同,所站的立场不同,同时,他们所受的教育也不同。包兆龙属于那种保守经营,看清楚有利可图才去做什么的小商人,有着很深的宁波商人刻刻为利的印记。

而包玉刚所受的是新式教育,他具有其父亲所没有的远见卓识,这在后来的日子更加明显。但这些分歧并不影响他们父子的感情,相反,父子俩互相协商,共同探讨,往往使彼此更加了解。通过这件事,父子之间的感情更加亲密了。

就这样,包玉刚进了父亲朋友的燕梳行。他白天上班,晚上读夜校,既能在工作中得到锻炼,又能在夜校学到许多先进的科学、文化知识。

这种理论与实践的结合,让包玉刚感到十分受用,丝毫不觉得辛苦和劳累，反而干劲十足！

日子一天天过去，包玉刚逐渐熟悉了燕梳行里的各项业务，并凭借自己的聪明才干和办事能力，在燕梳行站稳了脚跟。

转眼一个月就过去了。这天，上面通知包玉刚去领薪水。包玉刚兴奋不已，这毕竟是自己有生以来第一次领薪水。

他领到钱，一边走着一边想：该用这些钱给母亲和兄弟姐妹们买些什么，这样才能让他们在家里高兴。这时，跟包玉刚在一块儿做学徒的二子在后面喊他："玉刚，你拿了薪水想买啥去？"

包玉刚回答说："我正想着呢，要买些东西给家里人，让他们也高兴一下。"

这个二子本是个游手好闲的年轻人，只因他在燕梳行当高级职员的叔叔答应过他已故的双亲，帮忙照顾二子，把他培养成有用的人，才进了燕梳行当学徒。但他恶习未改，经常光顾赌场，输得分文不剩，为了这个，没少挨叔叔的骂。

包玉刚看到二子有些流里流气的，不愿意跟他多来往，只是可怜他父母双亡，便经常帮助他。可二子却认为包玉刚这人"够哥们儿"，跟包玉刚非常靠近。

这时，二子一看包玉刚还不知道钱怎么花，眼珠一转来了主意："我看你这个哥们儿挺够义气，整天在忙碌工作，汉口大街繁华至极，是一个花花绿绿的世界，不看是真可惜啊！来，今天我带你去开开心，让你见识见识！"

包玉刚好奇地问："去做什么？"

二子拍拍胸脯说："跟我走，到那儿你就知道了。"然后不由分说，拉起包玉刚就往外走。

当天刚好包玉刚不用上夜校，燕梳行开薪日又早早关门了，于是就想：跟他出去开开眼界也好。于是就跟着二子去了。

二子带着包玉刚左拐右转，最后在一个小角落的门前停了下来。

包玉刚一进门就听到里面乱哄哄的。他仔细一看，原来是一个赌场。包玉刚扭头就想走，因为他从小就听父母和老师教诲"十个赌九个输，倾家荡产毁前途"，这种地方可沾染不得。

二子却一把拉住了包玉刚："哎，怎么能走呢？其实这东西挺有意思的，你试试就知道了！"并且把包玉刚拉到了一张赌台前。

赌台旁站着几个大汉，贼眉鼠眼的，看见有个眉清目秀、斯斯文文的新面孔少年来到，立即互相交换了下眼色，彼此心领神会。其中一个立即迎上前去，油腔滑调地说道："这位小兄弟第一次来吧？童子手可会有好运气哟！"

包玉刚无奈，只好看了看二子说："我不玩，就在这儿看看别人玩好了。"

赌台上几个人哄堂大笑："哈哈……你这么大了还不会玩这个？简单得很，只需要说'大'或者'小'就行了。我看你不是不会，就是怕输不起吧？没想到你看上去挺那么回事，却是一个胆小鬼、窝囊废！"

包玉刚正是血气方刚的年纪，哪经得起这种讥讽，他与生俱来的好胜心一下就被点燃了，决心要让他们知道厉害。于是就下场赌起来。刚开始那几个人故意让包玉刚赢。

其中一个大汉在旁边装模作样地说："我的眼光还真不错，你看，这童子运气就是好，赢的钱比他一个月的工资还高呢，看来你今天是旺家，干脆，来盘大的，多赢一些吧！"

包玉刚一看自己第一次赌钱就赢了这么多，非常得意。一时间欲望战胜了理智,他开始加大投注金额,然而开出来的结果却是出乎意料——他输了。

包玉刚一下呆住了:"怎么可能呢?"

他被那几个大汉耍了,仍蒙在鼓里。那几个人串通一气,先给包玉刚一些甜头,让他上当,赌得来劲了,再把他手上的钱赢过来。这本是骗子们常用的手法,可包玉刚涉世尚浅,如何懂得这么多?大汉们赢他一把哪肯罢休,他们的目的是想让包玉刚空囊而走。

他们先是假惺惺地安慰包玉刚一番,接着花言巧语转动三寸不烂之舌:"小兄弟,偶尔输一盘半盘的,是常有的事。你今天运气好,肯定能赢回来的,要对自己有信心!"

就这样,赌场里的这伙无耻之徒连哄带骗,连激将带威吓,逼得包玉刚一次又一次下注,然而他的"好运气"再也没来,直至输掉身上最后一分钱。

包玉刚两手空空地走出赌场,仿佛做了一场噩梦。他不相信地翻翻自己的口袋:"这怎么可能呢?真的都输光了!"

他忽然恨起自己来,恨着恨着他明白了:我是受了这些家伙的骗啊!

包玉刚垂头丧气地回到家。包兆龙一看他那样子,觉得很奇怪,就问:"玉刚,怎么了,你可从来没有这么丧气过啊?"

包玉刚从来不会对父母隐瞒什么,就把今天发生的事告诉了父亲。包兆龙听儿子说完,不禁火冒三丈,上前就给了包玉刚两个耳光,他脸色煞白,用手指着儿子:"你,你……"竟然一句话也说不出来。

包玉刚有生以来这是第一次挨父亲的打,也是第一次看到一贯从容镇定的父亲气成这样，又惊又愧，两膝一软，跪倒在父亲面前："爹，我错了，您别生气了，您打我吧！我再也不会做这样的事了，您千万别气出好歹来！"说着，包玉刚双眼淌出滚滚的热泪。

包兆龙好半天才喘过这口气来，他声音颤抖地说："玉刚，你怎么这么不知道长进啊！你读书我随你，我一心想让你成为一个正派的、有用的人，你却在手里第一次有钱的时候就去赌！你这个逆子，太让我失望了！"

包玉刚一边哭着一边请求父亲："爹，我保证，以后再也不跟他们来往了，您就原谅我这一次吧！我发誓，一定好好做人。爹，我将来要不干出一番名堂，我就决不回家！"

包兆龙看着悔恨交加的儿子，知道他是从心里真正悔过了。就把包玉刚拉起来，让他坐到自己对面，对他说："玉刚，不要怪爹打你，我也是恨铁不成钢。你知道，你们兄弟中，我对你的期望最高。我不想你有一丝的差错。你现在正年轻，学好难，但是学坏却很容易，一旦学坏，想回头就难了！"

包玉刚对这次教训刻骨铭心，他发誓终生以此为戒，再不沾赌！

后来，包玉刚不但自己不赌，也劝阻别人不要赌博。

有一个星期天，包玉刚正在父亲鞋店的里屋忙着复习功课，准备考试。厨师和几个伙计刚好闲着没事，便围在一起打扑克赌钱，吵得他没法安下心来看书。

包玉刚忍无可忍，刚想发火，转念一想：他们虽然是伙计，但毕竟比自己年长，去训斥他们似乎不近人情；况且他们不是正式开赌，只是小小地玩一点儿罢了，说他们也许会引起他们反感；但如果不制止他们，他们终会由小赌而成大赌的。

想到这里,他拿着4个蝇拍每个人分一个。4个人接过苍蝇拍,莫名其妙。

包玉刚笑着说:"各位师傅,现在天气热,苍蝇多,飞来飞去的讨人嫌。你们反正闲着也是闲着,还不如来个打苍蝇比赛,看谁最快打掉1000只。这样既有竞赛效果又清洁卫生,不是比赌钱有意思得多?来,开始吧,晚上我请客!"

那4个赌兴正浓的汉子你看看我,我看看你,哭笑不得,只有乖乖地拿着苍蝇拍走了。

包兆龙知道这件事之后,十分赞成儿子的做法:"你能这样处理问题,将来一定能干出一番事业。"

奉双亲命回乡完婚

1937年,包玉刚已经虚岁20岁了,他在燕梳行也已经渐入佳境。他的聪明能干和吃苦耐劳赢得了老板和同行的一致赞赏,成为燕梳行的骨干。

这时,父母为包玉刚下达命令:回乡完婚!

早在包玉刚到燕梳行上班的时候,包兆龙就按照老家的规矩,开始和妻子商量着为儿子张罗婚事了。陈赛琴接到包兆龙的信,就请了村里一个有名的媒婆为包玉刚物色妻子。

不长时间,那媒婆就来向陈赛琴汇报:"夫人,我可是为了咱们家千挑万选,才终于让我选中了一个人,她就是邻乡四府前黄家的闺女黄秀英。这个黄小姐,那长得是没说的,重要的是性格温柔,心地善良,跟二公子那真称得是天生一对、地配一双。而且他们黄家也是知书达理的人家,跟咱们家很相配呢!"

陈赛琴听了当然高兴得不得了。不过她也知道,儿子的终身大事,不能光听媒婆的一面之词,就暗地里派人到四府前黄家去打探。得到回报:这位黄小姐确实同媒婆所说的一样。陈赛琴这才放下心来，托媒婆到黄家提亲，黄家很痛快地就答应了。

接下来的工作就紧锣密鼓地进行了：双方换帖核对生辰八字、下彩礼、择吉日。包家家境甚宽裕，包玉刚又是包家最引以为荣的儿子，彩礼自然是出手不凡，绫罗绸缎、金银珠宝、古董玉器，整整几大箱；最后就是择定吉日，举行大婚……

然而，包玉刚却不知道父母的这些"秘密行动"，直到母亲把家中一切都安排好了，这才写信到汉口。此时包玉刚才惊讶地知道：自己竟然糊里糊涂地有了一位"包黄氏夫人"！

当时，在一些大城市，受"五四运动"新思潮的影响，许多封建思想、封建制度已经被废除，年轻人追求的是个性解放和自由恋爱。但是，在广大农村地区，"父母之命，媒妁之言"的包办婚姻，仍然根深蒂固地存在着。

当子女还是十多岁时，父母就会为他或她的婚事而操心，并请当地的媒婆为其物色对象。

包玉刚在汉口上中学，接受了不少新思想的熏陶，自然也向往积极自由的新生活。但是，他并没有像他那个年代的同龄人那样，用离家出走、私奔来反抗父母包办的婚姻，相反，他驯服地遵从了母亲的旨意，决定和他并不认识的黄小姐结婚。也许有人会奇怪：包玉刚怎么接受一段毫无感情的婚姻呢？

的确，包玉刚的很多做法都令人感到奇怪，却又非常的合乎他的性格。在包玉刚心目中，长幼尊卑的家长制观念也非常浓。他总相信父母永远是对的，即使有不同的见解，他也是先认同父母的观点，再经过互相探讨，修订其决定。这些在后来包玉刚作决定时表现得尤为明显，所以丝毫不影响他与父母之间的感情。

并且，包玉刚也知道母亲对自己的钟爱，为自己选的姑娘不会错，于是，他顺从了"父母之命，媒妁之言"，很快就给母亲回信："一切听从母亲大人的安排！"

包家早已经选择好了良辰吉日，一切都按老传统来进行。当母亲的回信再次返回时，包玉刚立即收拾行装动身返乡。

当他从汉口返回宁波，没过几天就做了新郎。

当天，婚礼在包家的祖屋举行。一顶大红花轿在锣鼓声中被抬到包家门口，掀开轿帘，凤冠霞帔盖着红盖头的新娘子走了出来。拜天地、拜高堂、夫妻对拜……终于，房间里只剩下了包玉刚和新娘黄秀英。

包玉刚走上前去，掀开了黄秀英头上的红盖头，他惊喜地发现，自己的夫人竟然如此俊美动人。黄秀英也在同时暗暗地打量着自己的丈夫，她也满心欢喜：他长得英俊潇洒，仪表堂堂。

两个人这时共同感谢的对象是：媒婆！

在这种两情相悦的气氛下，刚刚认识的夫妻二人很快就消除了陌生感，交谈起来，一谈之间，竟然深深被对方的知书达理而吸引，越说越投机。

如果说世间真的有一见钟情，那么，包玉刚与黄秀英就是在洞房相见的那一刻起就深深地爱上了对方，而且在以后的几十年中相濡以沫，甘苦与共，专一而执着地守护着从一刹那建立起的感情。

婚后不久，包玉刚带着妻子一起去了汉口。

战乱夫妻相濡以沫

20岁的包玉刚成为人夫，事业也进行得很顺利。

但是，世事却并不像包玉刚新婚这般风光旖旎。就在这一年的7月7日，日本悍然发动了"卢沟桥事变"，并在7月底攻占了北平、天津之后，向中国发动了全面进攻！

当年12月，日军攻陷南京，随后制造了惨绝人寰的"南京大屠杀"，使几十万中国人死于非命，侵略者所到之处，烧杀抢掠，使无数的城镇和乡村变成了残垣颓壁，许多中国妇女惨遭奸淫……

而这时的国民党政府被迫从南京迁往重庆，重庆也被称为"陪都"。日军攻陷徐州后，沿长江向武汉推进。

包玉刚看到时局危急，忙把刚刚接到汉口的新婚妻子黄秀英又送回了宁波老家，自己与10多个同事赶往上海。

在上海，包玉刚在中央信托局保险部找到了一份工作。

上海中央信托局成立于1935年，是当时中国著名的"四行二局"之一，"四行"，即中央银行、中国银行、交通银行、中国农民银行；"二局"，即中央信托局、邮政储金汇业局。它们的业务包括战争危难保险，投保的客户都把保险当作抵抗日本炸弹的保护伞。

但是这时，包玉刚却无法继续他的学业了，因为上海沦陷后，大学纷纷南迁到了大后方地区。包玉刚的大学梦破灭了，他在失望之余，把全部精力投入到了获得银行知识上。他为此倾注了大量的时间和热情。

在中央信托局的日子里，包玉刚凭着自己的努力和经验，很快熟悉并掌握了信托、易货、储蓄、保险等各个环节的业务，很快，包玉刚的稳健谨慎使他赢得了客户和公司的信任。

首先，包玉刚谨慎、三思而后行的作风，使他成为众人心目中一个"稳健"的人。而他满口的宁波方言，也成为他的长处，比如他的宁波口音曾使他在汉口读书时成为大家竞相模仿的对象，在上海却成了大家对他敬而远之的原因。

上海与宁波虽然相距不远，但两种语言相差甚远，尤其在音节方面。一向自视甚高的上海人把宁波话视为方言，他们说，"宁愿听两个苏州人吵架，也不愿意听两个宁波人谈情说爱。"于是，在与客户谈判时，很多人因无法与包玉刚争辩到底而不得不让步。

这样一来，在中央信托局的日子里，包玉刚是很得意的。他工作出色，很快就成为被称为"十三太保"的30个业务骨干之一。

生活一稳定，包玉刚又把黄秀英从宁波接到了上海。

1939年年末，包玉刚得到了一次海上旅行的机会，并且第一次踏上了香港的土地。

当时，中央信托局"十三太保"被派往昆明，任职于银行保险部。如果从上海乘火车去昆明，本来用不了几天时间，但因为战乱的原因，陆路被日军封锁，包玉刚他们只好由水路从上海乘船经香港，再转火车赶往昆明。

包玉刚带着妻子在香港停留了几天。这几天里，包玉刚买了一张缆车票，夫妻俩乘坐当时香港最有特色的山顶缆车上到了太平山。他站在山顶，俯瞰着维多利亚港：风景如画的海湾里，停靠着大大小小的船只。远处海鸥翔集，比小时在宁波见到的大得多的轮船长鸣着声声汽笛……

船，再一次在包玉刚脑海里留下了深深的印象。他指着那些船对黄秀英说："有朝一日，我一定要带你，坐着自己的船到大海上去航行！"

黄秀英仰慕地看着丈夫。

这次出差，包玉刚每天都有5块钱的补贴，而香港一杯牛奶只要几分钱，包玉刚除了每天吃两顿便饭，基本没有其他花销，这样他又省下了一笔钱。

到了昆明，包玉刚又深入地了解了保险业。以他特有的精明能干，受到上司赏识，他出色的工作成绩使他很快被晋升，从昆明调到了湖南衡阳任中央信托局衡阳办事处保险部主任。

包玉刚带着妻子赶赴衡阳。

在衡阳，包玉刚和妻子度过了一段最拮据的日子。

战争，使各地物价飞涨，人们的生活一下变得艰难起来！纸币已经不值钱了，东西一天能涨几次价，今天这些钱能买到一斗米，明天连一盒火柴也买不到。包玉刚到衡阳办事处，虽然有一定薪水，但相对于飞涨的物价来说，也已经不算高了。

有一天，他领到薪水，回家拉起黄秀英就到街上去买米。到了米铺那里一看，挤得人山人海，有人高兴有人哭，高兴的是买到米的，哭叫骂娘的是没有买到米的。

包玉刚对黄秀英说:"今天恐怕是买不到了,这里又这么乱,我们干脆明天再来买吧?"黄秀英答应了,他们两个人回家,简单吃了一点东西,早早就休息了。

第二天一大早,包玉刚和黄秀英就来到了米铺。不料更多的人早早就来了,人还是拥挤不堪。两个人不想凑热闹,就又回家了。

就这样一连三天过去,他们米没买着,但钱却贬值了。包玉刚拿着原来能买一斗米的钱,这时却只够买一升的了。

夫妻两人相互看着,脸上写满了忧愁和悔恨,但又无可奈何。通过这件事,包玉刚和黄秀英得到了教训,以后只要有钱,就马上拿去买米,就算它队排得有多长,人有多挤,他们也抱着"上刀山下火海的劲"去排队买粮食。因为只有这样,他们才能保证每天都能吃到米饭。

当然,由于包玉刚有公务在身,根本抽不出空去排队,这些事就全都落在了黄秀英的身上。不但是米,家中柴米油盐,粗活细活也都是黄秀英的。黄秀英对此没有丝毫的怨言,她只是把所有事都揽在自己身上,尽量减少包玉刚的负担。另外,她还从外面找了一些浆洗、缝补之类的活儿,挣点钱来补贴家用。

包玉刚在单位工作一天,晚上疲惫地回到家里。黄秀英总是很温柔地侍候着他,不让他多操一份心。甚至,在最困难的时候,黄秀英宁可自己不吃饭,只喝白开水,仍然保证让包玉刚吃饱饭去上班。

于是,在这艰苦的日子里,包玉刚与黄秀英夫妇二人的感情又更深了一层。

巧遇亲戚互相帮助

包玉刚24岁的时候，又转任工矿银行衡阳分行副经理。刚开始，包玉刚只是为铁路员工提供福利保险，后来，铁路的全部财务都转给了他的银行。

在这里，包玉刚认识了广大华行的老板，在商界鼎鼎大名的卢绪章。不过，卢绪章还有一个秘密身份：中国共产党派驻湖南的地下党员！

有一天，卢绪章从重庆到衡阳谈生意。谈完生意之后，就到当地戏院里去看戏，看戏也是卢绪章的一大爱好。

中场休息的时候，卢绪章忽然听到邻座两个人的交谈中，有一个人带着浓重的宁波口音。他仔细一看，是一个一脸正气的年轻人。于是卢绪章走了过去，用宁波话同那个年轻人打着招呼："你好！"

这个年轻人就是包玉刚。他听到有一个中年人用宁波话跟他打招呼，顿时感觉亲切起来，忙站起来与卢绪章握手。然后两个人坐下来交谈。

卢绪章把自己的名片递给包玉刚，包玉刚接过来一看，不由惊叫道："呀！原来您就是大名鼎鼎的广大华行的卢总经理啊！"

两个人越谈越投机，也没有心思再看戏了，干脆到戏院的休息间聊了起来，聊家事，聊国事，从衡阳说到重庆，再从上海说到武汉……

卢绪章问："玉刚，有对象了没有？"

包玉刚笑着回答："刚结婚没多久。"

卢绪章又问："是啊！那妻子是自己谈的还是家里父母给定的，是老家人吗？"

包玉刚回答道："是啊，就是宁波四府前黄家的。"

卢绪章眉毛一扬，眼中射出惊喜的光芒："这么说来，我们还是亲戚呢！我是卢家，我夫人也是四府前黄家，两家还是姨表亲呢！这么论起来，你妻子还得叫我一声表哥呢！"

包玉刚又惊又喜，但又有些怀疑："真的会这么巧啊！？"

卢绪章神秘地对包玉刚一笑，拍拍他的肩膀说："那你回家问问你妻子吧！"

然后，两个人又闲聊了几句，并约好了明天到包玉刚家里去。

包玉刚回到家里，就马上把今天的事情告诉了黄秀英。黄秀英高兴地跳了起来："是真的，我娘跟他娘还是亲姐妹呢！那真是我表哥！"

包玉刚问："那怎么没听你说起过呢？"

黄秀英解释说："因为表哥很早就到外面去做事了，当年见他的时候我还很小，现在都不记得他的样子了。"

包玉刚感慨道："真是世事难料啊！"

黄秀英也说："是啊！没想到会在衡阳这么远的地方跟表哥重逢！"

第二天，卢绪章早早就来到了包玉刚家，他还带了大包小包的东西。

包玉刚把卢绪章接进门去。黄秀英站在屋门口，看着多年未见面的表哥，喊了一声："表哥，你好！"

卢绪章上下打量着表妹。

黄秀英穿着旧衣服，站在那里，被卢绪章看得有些不好意思："表哥，快进屋吧！"

走进屋里，卢绪章四下一看，家里只有几件简陋的家具，不由心中一酸。

包玉刚说："当此乱世，谁家都不好过。我们……还算好吧！只是让秀英跟着我受苦了。"

卢绪章临走的时候，偷偷地在桌上放了一沓钞票。

送走卢绪章，包玉刚和黄秀英回到屋里，发现了钞票。包玉刚想追出去还给卢绪章，却被黄秀英拦住了："不要去追了，表哥肯定是知道我们过得很艰难，才有意帮助我们。他不明着给钱，就是怕你自尊心太强不肯接受。我们是嫡亲的亲戚，想报答以后有的是机会。"

后来，卢绪章只要到衡阳来，就一定会抽时间去包玉刚家中坐坐。他们的感情越来越深。

衡阳银行的经理们听说包玉刚竟然同广大华行的大老板是亲戚，于是对包玉刚另眼相看，包玉刚在一年内竟然连升了两级。

在新的工作岗位上，包玉刚调度有方，应对自如，充分显示了经营方面的才能。

后来，包玉刚又被调到"陪都"重庆，调升为中国工矿银行重庆分行的经理。这里也是广大华行的总部所在地。

广大华行除了重庆，还在昆明、成都、西安和贵阳等地设了分支机构。虽然日军的飞机不时袭击轰炸，重庆的工商业受到了很大影响，但广大华行却奇迹般地生存了下来，而且生意越做越大。这其中的原因，既因为卢绪章受到共产党的秘密支持，而且也得益于包玉刚帮助他兑换法币。

面对乱局巧妙应对

1945年，中国人民的英勇顽强抗战，终于迫使日本帝国主义宣布无条件投降。

恰在此时，27岁的包玉刚做了父亲，他的第一个女儿来到了人间。包玉刚在狂喜之余，为女儿取名"陪庆"。

黄秀英听了一笑，问道："为什么要给女儿取个'陪庆'的名字？"

包玉刚笑着解释说："'陪'是指女儿降生在'陪都'重庆；而'庆'嘛，则是指日本投降，普天同庆。"

抗战胜利、成为父亲，包玉刚觉得真是双喜临门。

这几天，重庆各界为了庆祝抗战胜利，举行了持续多日、声势浩大的胜利大游行。包玉刚兴奋地加入了重庆浩浩荡荡的庆祝胜利的游行队伍之中。

几天后，上面通知包玉刚，让他立即去上海银行工作。但这时黄秀英还在坐月子，无法跟包玉刚同行。包玉刚只好跟卢绪章打招呼让他照顾一下妻女，然后自己马上赶赴上海。

当时的大上海,被称为"冒险家的乐园",三教九流的人都会聚在这里,既有中央政府军,也有地痞帮会;既有各武术派别,也有流氓无赖。这些人就在这里各施其法,争夺利益。

上海市市长是保定军官学校出身的钱大钧,国民党希望能借助钱大钧的威名,镇住上海这个龙蛇混杂的地方。钱大钧早就很赏识包玉刚的能力,因此当他一接管上海,就马上想到由包玉刚来帮他重整上海的金融秩序。

包玉刚一到上海,就被接到了钱大钧的办公室。

钱大钧一见到包玉刚,就走上前来拉住他的手说:"包先生,你在重庆的业绩我早有所闻,今日一见,果然是后生可畏呀!"

包玉刚有点受宠若惊,他赶忙说:"钱市长,您为了我中华大地光复,拯救亿万黎民于水火之中,南征北战,立下了汗马功劳,您才是真正的英雄!晚辈不敢当您的夸奖,还希望市长能在今后对晚辈多多提携。"

寒暄过后,钱大钧这才话转正题,他严肃地对包玉刚说:"日本人虽然投降了,但却留下了一大堆问题。当今之时,国家正值多事之秋,我们有责任起用你们这些青年人才。上海滩虽然表面上看起来治安是最重要的问题,但我看来,所有问题都比不过金融这个问题更难办啊!现在国库日益空虚,而政府只知道猛印钞票,让人们拿黄金、白银去换公债,还美其名曰'金圆券',这更造成了物价飞涨,这才是真正的洪水猛兽啊!"

包玉刚看着忧心忡忡的钱大钧,同情地点着头。

钱大钧接着说:"你到上海来,就任上海银行营业部经理,过一段时间，还要做副总经理，主管放贷部门。放贷部门可是银行资金的水口啊，一定要替政府把牢这个口子。"钱大钧停顿了一下，接着说："年轻人，你任重而道远啊！"

满怀爱国热忱和报国之志的包玉刚当即表示："钱市长，您放心，晚辈一定不敢有丝毫松懈！于国于民，这都是我应尽的职责。"

但是，上海的局势却并不是单凭包玉刚的聪明才干和不懈努力就能挽救的。这里通货膨胀更加严重。当地甚至流传着"上午的钱到了下午就只值一半"的戏言。

当时有人说："你到一家饭店去吃饭，进去要先付钱哦，要不然等饭端上来，价钱就翻了一倍了。"

国民党政府无奈之下，只好向公务员支付日薪。而包玉刚除了经营一般的银行业务之外，还担负着收税和向公务员发薪的任务。

这样一来，包玉刚每天早早就得赶到银行，看着职员们搬着一捆捆的钞票，装上押款车，送往各个政府机关、学校、医院等单位。

这天，到了该发薪的时间，但银行由于现金周转不灵，还没有凑齐当日的钞票。很快就有一队荷枪实弹的警察包围了银行，并在外面喧哗起来。

包玉刚正想出去看看怎么回事，突然一个穿着警察制服的警官闯进了他的办公室，他歪着身子坐到包玉刚办公桌对面的一张椅子上，然后从腰里拔出手枪，"啪"地往桌上一放，盯着包玉刚恶狠狠地说："听好了，马上给我们发工资！"

包玉刚看了一眼正对着自己的枪口，镇定地问："请问你凭什么来提款呢？有提款书或者市长的批文吗？"

警官指着那支手枪："不凭什么，老子什么也没有，是我们局长让我来的。"

包玉刚不想跟他发生正面冲突，他用婉转的口气说："是这样的，我们都得执行政府定下的法规。既然您是奉局长之命来的，想必局长已经先征得了市长的同意了？那这样吧，弟兄们既然都来了，能办我就马上给你们办。现在呢，我们向市长核实一下，如果市长同意了，我们立即就付款。好不好？"

包玉刚拿起了电话，拨通了钱大钧办公室，在电话里把情况向钱大钧详细说明了。

钱大钧让包玉刚叫那个蛮横的警官接电话。

那个警官接过电话，一听是市长，态度马上就变了。钱大钧在电话里把他狠狠地教训了一顿："是谁给你的权力，竟然带着武器到银行去闹！现在带着你的人，马上给我滚，以后不许再胡闹，否则我让你们局长枪毙你！"

警官放下电话，带着他的手下灰溜溜地离开了。

包玉刚稳定下来之后，就委托一个朋友，用军舰顺路把妻子和女儿从重庆接到了上海。

面对急剧贬值的货币，有的人竟然想出了一个"妙计"：他们先找借口向银行借钱，然后买卖黄金和美钞。等过几天钞票贬值，他们再用一部分黄金换回钞票，还给银行当初借下的款数，从中牟利。

包玉刚对这种发国难财的行为非常气愤，他决心要对每笔贷款严格审查，无论对方是什么后台，只要发现有问题，就绝不放贷。他甚至在一段时间里拒绝兑换流通的纸币。

而这样一来，也让包玉刚得罪了不少人，而且这些人都是一些有权有势的官僚权贵。

其中有一位在上海滩特别有势力的人，他与蒋介石的关系也不一般，被称为上海的"无冕市长"，经常坐着装着防弹玻璃的小车，带着大批保镖在街上横冲直撞，人们见了老远就躲着他。

这天傍晚，包玉刚的秘书慌慌张张地跑进他的办公室说："包经理，那位'无冕市长'派了两名手下，说是要'拜访'您。"

包玉刚想了一下，让秘书把那两个人带进来。

那两个人大大咧咧地走进来，开门见山地说："包行长，我们老板想请您帮忙周转一笔钱。老板说了，请您明天到家中商量一下这件事。"

两个人只顾说，似乎猜准了包玉刚不敢不答应。

包玉刚看着两个人，心里面想着对策。很快，他就爽快地对两人说："既然你们老板这么看得起包某，我岂敢不识相？回去告诉你们老板，我明天一定去府上拜访。"

两个人转身离开了。

晚上，包玉刚回家对黄秀英说："我明天要去看看医生。"

黄秀英吓了一跳："怎么回事？"

包玉刚指着右腹说："一年前的阑尾炎又复发了。"

黄秀英说："那就别拖着了，我现在就叫医生过来。"说完，她不顾包玉刚阻拦，立刻打电话请来了医生。

医生仔细地为包玉刚做了检查，然后安慰他说："没什么事,阑尾炎并没有复发,可能是您白天吃了什么东西一时不舒服吧?"

包玉刚赶忙说:"怎么没事,刚才明明就是阑尾疼得厉害!还是请您明天为我做手术把阑尾割掉吧,以免它不知道什么时候再复发折磨我!"

医生大惑不解:世上还有这样的人?明明没事硬是求着做手术!但在包玉刚的苦苦请求下,他还是同意明天为他做手术。

就这样,包玉刚宁愿牺牲掉自己没有发病的阑尾,也不愿意违背良心去做自己不想做的事。

下定决心离开上海

1948年，包玉刚正值而立之年，这时，他又有了二女儿陪容。而且这时父亲包兆龙和弟弟包玉星也都来到了上海。父亲在上海国丰造纸厂任经理；弟弟大学毕业后任职于上海四明银行，后又转到新利进出口公司。这样，包玉刚这一大家共有10多口人了。

早在1946年，国民党政府为了平息上海的经济恐慌，又用经济学博士吴国桢取代了钱大钧任上海市市长。但是，曾经留学美国的吴国桢，也无法挽救已经病入膏肓的上海金融。因此，包玉刚感到了深深的失望。包玉刚虽然此时已经进入了银行的管理层，有了一定的地位，也受到了当政要员的重用，事业上可以说是一帆风顺。但他还是很担心：国民党的统治已经到了风雨飘摇、朝不保夕的地步。在这样一个乱世，一家人到哪里去找一个安居乐业的地方呢？

包玉刚在那段时间，整日都处在彷徨和焦虑之中，但是，他把中国的所有城市都在脑中过滤了一遍，却越想越失望：中国之大，到处都找不到一个理想的安身之所！

包玉刚的脑海里突然浮现出这样的画面：灯火辉煌的太平山，繁忙的维多利亚港湾，往来不息的商船。对，就是香港！当年，他在去昆明赴任时曾经途经那里，"我就到香港去，在那里闯出一番新天地！"

下定决心后，包玉刚便开始着手筹备去香港发展的事宜了。

1949年新年假期，包玉刚因为公务再次赴香港，趁机在那里逗留了几天。这是包玉刚第二次来香港了，他看到，香港虽然不大，但它是英国殖民地，没有受到国内战乱的影响。更重要的是，它是一个自由港，是商人们理想的天堂！只是，由于中国各地都在战乱之中，从内地向香港拥来了大批的难民。

包玉刚还想在香港多考察一段时间，但因为他没有护照，无法在香港长期居留，而他又不想成为难民！包玉刚思前想后，下定了决心：回到上海就辞职，然后到香港闯出一番新天地！

回到上海之后，包玉刚把自己的想法与父亲、妻子、弟弟商量了一下。这时，全家人都把包玉刚当作主心骨，当然，大家都尊重他的决定。只是包兆龙还有些担心："我们到了香港能做什么呢？"

包玉刚自信地说："只要我们有能力，就不怕找不到事情做。现在内地的金融政策，就像是一个患了绝症的病人，就算有华佗再世，也回天乏术了，我在上海再也发挥不了什么作用，将来陷入困境也是早晚的事，不如早作打算。"

当包玉刚向吴国桢提出辞呈的时候，吴国桢很是吃惊，因为包玉刚是他在上海市市长任内提拔的最有才干的青年人才之一，他认为包玉刚应该与他继续坚持下去。

虽然吴国桢一再挽留包玉刚，但看到包玉刚去意已决，也只好答应了。只是他提出，包玉刚要继续在上海工作到1949年2月底，把一切事务都交接清楚了再离开上海。包玉刚也很感谢吴国桢这几年对他的提携和赏识，于是承诺一定把一切事务都交代清楚。

包兆龙卖掉了国丰造纸厂，并变卖了家里能卖的所有东西，换成现金或银两，大概有数十万元。然后，包兆龙先带着家眷和陪庆、陪容等去往香港，他要先把"家"安置下来，为包玉刚当好"先锋"。

1949年3月初，包玉刚在银行的帮助下，买到了3个人的机票，他带着妻子黄秀英和刚出生不久的小女儿陪丽，离开上海，飞赴香港。

携家赴港举步维艰

1949年春的一天,包玉刚偕妻子和小女儿陪丽,乘中华航空公司的班机飞抵香港启德机场。刚下飞机,迎接他们一家的是香港的一场春雨。阵阵的早春寒意和弥漫天地的潮湿把一家人的心情弄得沉甸甸的。

包玉刚是为避国内的战乱而来,并没身家亿万的资产。虽然他已经是第三次踏上这块英国殖民地,但这次的目的不同,所以,对他而言一切都是陌生和艰难的。

早在日本侵华的时候,香港也曾经沦陷在侵略者手中3年多。日本投降之后,这块土地才又恢复了往日活跃的贸易往来。对外贸易仍然是香港的经济命脉。

在包玉刚眼中,当时的香港还比不上上海的繁荣,街道也比上海显得拥挤和脏乱。在上海,自己虽然算不上什么大银行家、大企业家,但也是堂堂上海市银行的副总经理,在政商两界也算得上是有头有脸的人物。

生活上,虽然不是什么豪门大户、锦衣玉食,但也算是小康殷实。可如今来到香港，人地生疏，前途渺茫，未免觉得有些狼狈。再想想为他放弃了上海的产业和安逸生活的父母高堂、兄弟姐妹以及多年来随他颠沛奔波，相濡以沫的柔弱娇妻，还有尚在襁褓中的女儿，包玉刚感到十分愧疚。从上海市银行副总经理一下成为一个重新寻找就业机会的人，包玉刚有一种加入了难民群体的感觉。

阵雨绵绵，春寒料峭，一路疲倦的黄秀英怀里抱着刚出生不久的小女儿陪丽。包玉刚不由收紧了脖子上的围巾，把身体虚弱的黄秀英轻轻地揽在怀里，心情沉重地看着眼前的世界，默默地想："今后的生活方向还是一个未知数，这里真的会有属于自己的一席之地吗？"

包玉刚面带歉意地对妻子说："秀英，10多年来，你跟着我到处奔波，我一直没能给你一个安定的家，让你受苦了。现在，你本应该好好地在温暖的家里休养身体，却又要跟着我'逃难'。"

黄秀英紧紧地依偎着包玉刚，她抬脸看着心情沉重的丈夫，安慰说："夫妻本当患难与共，玉刚，你不要太着急了，一切都会有办法的。"

包玉刚伸手从黄秀英怀中接过陪丽，慈爱地看着女儿。襁褓中的婴儿还不知世路的艰辛，小陪丽睁着一双黑黑的大眼睛，瞅瞅父亲，又看看母亲。

包玉刚看着"少年不识愁滋味"的女儿，不由心中生起一丝暖意，他伏下头亲了一下小陪丽的额头。小陪丽忽然"咯咯"地笑起来。

包玉刚和黄秀英对视一眼，两个人都被女儿这纯真的笑声感染，心里充满了希望。

启德机场到处都是从内地来香港"闯世界"的人，其中也有一些搜刮资本的官僚，带着金银细软的商人，身怀技艺的江湖名家，但个个都是行色匆匆，面带惶恐。

包玉刚一家夹在这些人中间向机场门口走去。机场的英属印度士兵指挥着人们排成长队，依次领取由英国机构发出的移民护照。

这些护照是统一由一个英国机构发出的。包玉刚夹在人龙里，焦急地一步步往前挪。

终于轮到了包玉刚，一切手续都很简单，办事过程非常顺利，当包玉刚从士兵手里接过满是英文的护照时，他激动地向正焦急等待的妻子挥舞起了手臂："秀英，拿到了，我们有护照了！"

离开机场，包兆龙正在等着接他们，父子一见面，并未多说，就一起去了港岛上环附近西摩道的"家"里。

包玉刚到了门前一看，这是一套有三间房的单元，而那套房子的周围都是香港一些名门望族的大厦。

进门之后，包兆龙就向包玉刚谈起了香港现在的形势："从今年年初，香港的居民数一下增加了150万，大都是逃难的人，他们基本上都聚集在深水、石硖尾、鲤鱼门、西湾河、筲箕湾这几个地方。多亏我们早来了几个月，才在这里租到了房子。"

包玉刚认真地听着，然后问父亲："爹，这套房子租金多少钱？"

包兆龙说："这套房子三间大概一共有100多平方米吧，月租是450港元。不过还交了20000港元的'顶手费'。"

包玉刚一时没听明白，问道："什么顶手费？要20000港元这么多？"

包兆龙解释说："是啊！因为现在房子难找得很，虽然政府一再强调要按规定收租金，但是严重的供需失衡却使得房屋的租赁从台面转到台底，明里业主和租户仍是按照政府规定的租金标准，而暗里，业主则收取租户的'顶手费'，且价高者得，要不然就不租给你。那你就只能睡在大街上、楼梯底或走廊里。这种交易都是双方你情我愿的事情，政府也奈何不了。"

说到这里，包兆龙长叹了一口气："唉！能够找到一处像样的房子已经不容易了，好多人是几家挤在一起，或者找块地方搭起简陋的临时房屋，那很容易被狂风和暴雨摧垮，或者引起火灾。我考虑到无论如何得先有个安身之所。"

包玉刚面色严峻地听着。然后说："好吧，我们从此能省则省，先努力保证生存再说。我明天就开始找工作去。"

包兆龙说："这一大家老少以后都靠你，你如果单纯打一份工的话，低微的收入怎么能养活这些人呢！"

包玉刚安慰父亲说："是啊，爹。不过不用担心，再怎么说我们一家也都是做生意出身，我们又从内地带了一些积蓄，还是找些买卖来做，这样总比打工强些。"

包兆龙点头表示同意。

到香港之后，包玉刚担负起一家老少的衣食住行，大事小事无一不让他操心。他买了一辆二手车，除了生活上方便一些，他还想能为开展业务带来些方便。

为了节约日常开支，在日常生活上，包家一切从简。陪庆和陪容姐妹俩的衣服也不多买一件。为了能多穿几年，黄秀英给孩子们做新衣服都是做大一个码，把裙脚折高一两寸，等孩子以后长高了再把裙脚放下来；鞋也买大一两码的，里面多垫鞋垫，长大了再把鞋垫依次取出。陪庆穿小的衣服就留给陪容穿；等陪容穿小了再留给陪丽穿。

让包玉刚欣慰的是，孩子们都非常懂事，她们穿衣服都非常爱惜。

小本经营开始起步

包玉刚本来就是个闲不住的人,再加上生活的重压,他在香港一安顿下来,就马上考虑应该做些什么。

一天,包玉刚想,自己到香港已经好些时候了,如果再不考虑出路问题,这样下去,势必坐吃山空。如果去打份工,低微的收入怎能养活一家大小?自己一家怎么说也是做生意出身的,从内地又带了些积蓄下来,还是寻些买卖来做吧!

包玉刚考虑到,还是从自己的老本行银行业开始做起。但他很快发现,香港的银行业基本上都被汇丰银行、渣打银行和大通银行这三大银行垄断了,余下则已经被广东人所控制。他最后终于找到一个带着浓重宁波口音的银行职员,但能提供给他的业务量也极其有限。

而且包玉刚还发现,香港的居民都不是在银行里存钞票,他们存的还都是金银珠宝、玉石首饰等最原始的东西。

幸运的是,包玉刚联系到了几位从上海和宁波来到香港的朋友,其中有两位还是与包玉刚在银行里曾经的同事。大家聚在一起商议出路。

包玉刚决心自力更生，白手起家。

包兆龙认为房地产可能是盈利的行业。但是包玉刚没有把握："香港太小了，缺乏动力。生活很不安定，我又不会讲广东话，也不认识什么人。我提议，我们不作永久性投资，先进行一宗见效较快的进出口贸易。"

大家一致表示同意。于是包氏父子几人合伙成立了一家四人联合公司。经营中国土特产，如干货、豆饼、鸭毛、肥料及动物饲料等。

他们首先遇到的难题是找办公地点，香港的写字楼奇缺，他们费尽千辛万苦才在皇后大道和毕打街找到一间有50多年历史的华人街中的写字楼的一部分，月租200多港元。

这间办公室是因为租用这间写字楼的公司付不起昂贵的租金才转租了一部分给包玉刚的，小得可怜，办公室里4个人挤得都几乎转不过身来。如果有一个人想开抽屉，那必须等另一个人离开办公室到外面去才能腾出地方。在这个"寄人篱下"的地方，他们甚至连挂一块自己公司的牌子的地方都没有。

包玉刚鼓励大家："万事开头难，我们只要坚持住，不抛弃不放弃，就一定会闯出一条出路！"

在包玉刚这种精神鼓舞下，公司慢慢地立住了脚跟。加上中国内地已经全部解放，新中国的战后重建需大量食品、机器、化学品和原材料。生意进展得非常顺利。

抗美援朝战争爆发后，美国政府宣布对中国禁运，香港当局也照此执行。但是，包玉刚把业务扩大到化工产品、轮胎以及从欧洲用以货易货的方式购买马口铁。有些货物经过精心安排通过第三国运到澳门，然后运到中国内地。

当中国国内政局有些变化时，一些贸易停止了，包玉刚他们的公司则改为做食糖生意，在台湾买糖，用船运到香港，交由另一家公司运进中国内地。

包玉刚在公司里负责全面事务，包括发给员工和股东每月的薪酬和红利。他一视同仁，公正宽容，大家都很敬佩和爱戴他，在这种气氛下，公司上下从来不计较个人得失，没有发生过因为分配不均而引起的纠纷。

刚开始的时候，包玉刚第一个存款的银行是恒生银行，银行的经理是美国人弗兰克·荷华。这里有个原因，因为包玉刚发现，来到香港之后，跟广东的银行打交道，甚至比在汉口读书时还要困难，无论他用英语还是宁波话，那些广东人都听不懂他讲些什么。所以包玉刚决定直接跟外国人打交道，用英语还方便些。

但是朝鲜战争爆发后，恒生银行关闭了香港的分行，撤出了香港，包玉刚只好另寻银行。

据说，恒生银行的经理荷华跟包玉刚的关系非常不错。恒生在香港关闭前，包玉刚还同荷华见过面。据包玉刚回忆说：荷华当时是流着眼泪走的，他是一个经验丰富、颇有建树的银行家，那次撤退，他失掉了几个大客户和一些新客户，包家的公司便是其中之一。后来，包家只好把生意账目移至汇丰银行。

1952年，包玉刚幸运地认识了当时汇丰银行进口部负责人约翰·桑达士。

这天，包玉刚走进位于皇后大道一号的汇丰银行总部大厦，镇定自若地要求拜访资深的英国职员。或许工作人员为包玉刚的气质所折服，很痛快地为他通知了。

在20世纪50年代初期，汇丰银行仍然保留着这样一条惯例：外国人进入汇丰银行，是从正门进去的；而中国人则只能从后门进入。很明显，英资财团当时是很瞧不起中国人的。不仅如此，汇丰银行当时还不屑与中国人直接做生意，中国人要向汇丰借钱，必须通过洋行，再由洋行转借给中国商人。

当然，包玉刚当时到底是从正门还是后门进入汇丰银行，现在已无法考究，但可以知道包玉刚是不满汇丰只间接与中国商人做生意这一行径的。包玉刚直闯汇丰，找桑达士谈生意，既充分显示了他的傲骨和勇气，也表明他对汇丰瞧不起中国人这种行为的不满。

但是，当时的包玉刚只是一个普普通通的小商人，他直闯汇丰，而受到桑达士等英国人的傲慢无礼和冷遇是必然的。据说，当时的情形是，桑达士见到包玉刚走进来，看也不多看一眼，就把两只脚放在写字台上，那神态，仿佛是一个富得流油的阔佬对着一个行乞者。包玉刚只是默默承受，但内心一定是很不愉快的，但是，不管怎么说，两人最终还是聊起来了。

盖伊·塞耶和约翰·桑达士指派专业人士对包玉刚的新联贸易公司的账目和运作情况进行了详细的审核。他们发现，虽然这是一个小本经营的公司，在运作上也难免有一些不规范的地方，但公司在第一年仍然有100多万港元的利润。于是决定接下"四人公司"的业务。

"四人公司"生意兴隆，办公室搬到了离汇丰银行总部不远的恒昌大厦，面积比原来大4倍，而且与汇丰银行总部相连，业务上方便多了。

此后，约翰·桑达士、盖伊·塞耶与包玉刚建立了一种牢固的依存关系，也结下了深厚的友谊。当桑达士1954年任主任会计师，主管香港地区对外贷款后，他对包玉刚的事业发展起了关键作用。

包玉刚的"四人公司"的账户一直通过汇丰银行往来。这时，"四人公司"的算盘也换成了计算器，铜制招牌也挂了起来，包玉刚成为公司的总经理。

当新中国第一次发行公债时，包玉刚率先认购了10万港元，表现了自己的爱国热情。

为了梦想投资航运

1955年,包玉刚的"四人公司"稳步发展之后,他决定在香港发展其他事业,将香港的生意由暂时性转为永久性。随着"四人公司"业务的扩大,包氏家族的成员不断加入到公司里,包兆龙曾与包玉刚商量:"要不我们把公司发展到内地去?"

此时,美国对中国实行物资禁运,香港和内地的贸易受到了严重的影响,整个香港的进出口贸易额一落千丈。据有关统计资料,从1951年至1955年,内地在香港的出口排名从第一降至第五,1954年香港的转口贸易额比1951年减少了76%。"城门失火,殃及池鱼。"贸易形势的恶化,使包玉刚他们辛苦建立起来的新联贸易公司也陷入了绝境。

包玉刚再次面临着抉择!

但是,投资到什么方面好呢?这不是一个简单的问题,投资方向即是选择职业,规划生涯,除了要考虑自己的兴趣爱好和自身潜能外,还要分析投资的环境。

那时候,包玉刚喜欢在忙碌之余,到维多利亚港去看大海。他感觉看着海面上那些来往穿梭的船只，就仿佛回到了家乡宁波。他总是会想起，小时候跟父亲去镇海港，第一次见到大海，第一次见到大船的情景。那时候，他就有一个天真的梦想：当一个船长多好，可以驾驶着自己的船去环游世界。

当一个船长！这个念头从包玉刚心头一闪而过，他禁不住一阵激动。

包玉刚了解到，香港有天然的深水泊位和充足的码头，其优越的地理位置和自由贸易的优惠条件吸引了世界各地的船只。自从1911年以后，维多利亚港这片平静的水面为国际贸易提供了可靠的大门。

包玉刚又去查找资料：香港有70平方英里的港口，每年的吞吐量达3000万吨，第二次世界大战之后，世界经济复苏，各地之间的贸易往来增多，香港已经是世界上最繁忙的港口之一。

包玉刚前思后想，对自己说："航运是最廉价的一种运输方式，必将大有作为。"

有一天，包玉刚召集全家人，把他想搞航运的决定告诉了大家。但这却掀起了轩然大波，包兆龙首先态度坚决地反对。

包兆龙直接说道："玉刚，咱们中国有句老话，叫'不熟不做'，你也不想一想，你对航运业了解多少？买一艘船动辄千万港元，现在把我们全家卖了才有多少钱？你今年已经36岁啦，已经过了而立之年，还是别去冒那些无谓的风险，老老实实按我前几年说的，我们一起做房地产生意吧？"

包兆龙接着分析说："你也看到了，香港住房本来就很紧张，沦陷时让日本人炸掉一部分，现在，香港由于大量外来人涌入，人口剧增，住房困难更加严重，我们都看到了，有很多家庭一家几口同挤一张床；另一方面，香港未开发的土地和闲置用地数量可观，地产生意前景诱人。"

包玉刚一向尊重父亲的意见，他并没有马上反驳父亲，而是先摆出了事实，据理力争，他说："爹，我不否认，房地产生意利润固然可观，但发展得再好，也是死的，带不去的，而船是可以移动的财产，在太平盛世，可以运货赚钱；遇到时势动荡，则可乘船远走。

"从宁波来的人会注意到他们的优势，那里的年轻人有出海的经验，我从小对船运有兴趣，我觉得船运业提供了更多的挑战，并可以扩展我们的进出口能力，朝鲜战争之后，中国内地漫长的海岸线提供了很多的贸易机会。我认为，投资航运比投资陆地更安全，更灵活自如，世界航运将会有一个更大的发展。爹，依我看来，搞航运可以说是一个进可攻、退可守的两全之策呢！"

包玉刚一番有理有据、合情合理的分析，把包兆龙说服了，他不再坚持反对意见。只是仍然不放心地嘱咐："这等于是重新创业，起步的困难你也要考虑好啊！"

包玉刚见父亲同意了，非常高兴，他说："爹，您放心，我绝不是凭一时心头发热就决定的。"

包玉刚把自己的意见告诉了朋友们，朋友们也以为他"疯"了。

朋友们纷纷劝包玉刚："玉刚，搞航运虽然能赚到大钱，但你也不要为了赚钱而冒这么大的风险，正如古人所说的：'水能载舟，亦能覆舟。'海上风浪无常，危险极大，有多少人搞了几十年的航运，到头来却落得倾家荡产，家破人亡的下场。再说，香港搞航运的已有几十家，他们的资本，经验以及与银行的关系，无论哪方面都比你强,你能竞争得过他们吗?"

包玉刚却说:"做任何事都不能前怕狼后怕虎,我知道香港的航运业已经有数家实力较大的公司,他们有资本,经验和银行的支持。但是我看准的这个目标也不是盲目的,古人还有一句话:'明知山有虎,偏向虎山行。'我觉得,只要多爬一些山路,就不会有被虎吃掉的危险。"

不过,也不是所有朋友都不赞同包玉刚搞航运,包玉刚少年时的朋友郑炜显就非常理解和支持他。

郑炜显听了包玉刚打算投身航运事业的想法后,他立即意识到这是具有战略眼光的一步,他鼓励包玉刚说:"一个高明的企业家与一个赌徒的根本区别,在于前者勤于学习,善于思考,能审时度势,随时捕捉稍纵即逝的机遇。玉刚,你具有远大的目标,也具有一个伟大的企业家的所有素质。我支持你!"

包玉刚兴奋地听着他的支持者的分析:"你说说你的看法?"

郑炜显接着说:"你虽然未搞过航运,但你有很多别人所没有的条件:首先,你曾经在多家银行干过相当长的一段时间,并且担任过最高管理层的职务,在调配资金方面有丰富的经验,就算是正在搞航运的人也未必比得上你;而且,这几年你搞进出口贸易,世界各地的行情你熟悉,商场中的风风雨雨你也经历过,所有这些对你转行搞航运都是宝贵的财富。我认为,一个人干事业并非都要踏着他人的轨迹走,而是要面对现实充分发挥自己的优势,这样总会达到成功的彼岸。"

郑炜显一番推心置腹的话,使包玉刚感到由衷的鼓舞,他更坚定了发展航运事业的决心。

倾产举债旧船起家

包玉刚终于下定决心投资航运。但是下决心不易,付诸行动就更难。任何创业者都是艰苦的,"宁波帮"人士也不例外,包玉刚搞航运要买船,他却拿不出一大笔现金。

向银行贷款得有担保人。没有一两个大老板做后盾,有哪家银行愿意把钱借给一个默默无闻之辈?

包玉刚认为,现在要去寻门路、找关系。随后他不但在香港,还远赴英国和美国,去拜访一些曾有过生意来往的朋友。

包玉刚在经营"四人公司"的时候,曾认识两个人,一个是汇丰银行的代理主席道格拉斯;另一个是会德丰马登集团的首脑乔治·马登,包玉刚与这两个人曾有生意上的来往。

1955年深秋的一天,在道格拉斯的安排下,包玉刚来到英国伦敦,决定去找早先与自己有业务往来的会德丰集团和远东船务集团的首脑乔治·马登商量,企盼他助一臂之力,借一笔资金。

伦敦秋高气爽,往日的"雾城"竟然一扫阴霾,只是秋风比浓雾中的伦敦更加萧瑟。

包玉刚在伦敦拜访了马登。马登身材高大,比包玉刚高出半头,体格健壮,神情高傲而专横,他在自己豪华的办公室接待了包玉刚。包玉刚首先向马登致以老朋友的问候,寒暄已毕,他详细地讲述了自己想搞航运的想法。

马登在办公桌的那边盯着包玉刚,仿佛看着一个初出茅庐的孩子在叙述他的天真幻想。

包玉刚讲完,用期待的眼神看着马登。

马登吸了一口雪茄,用教训的口气警告包玉刚:"年轻人,航运业是一个危险的行业,弄不好,你会输掉你最后一件衬衫。"

包玉刚点点头说:"您说得很有道理,马登先生,航运这一行风险的确很大,但我认为,做生意并不是赌博,请您相信我,没有把握的事我是不会做的。"

马登把包玉刚上下打量了一番,似乎奇怪于这个东方的年轻人会如此镇静,如此胸有成竹地与他展开对话。他反问包玉刚:"航运业需要相当大的投入,你手里有多少资金?"

包玉刚脸一下涨红了,但对方那轻蔑、讥讽的眼光激怒了他,他抬起头直视马登说:"资金我有一些,但……不多。"

马登突然仰天大笑起来,他用讥讽的口吻说:"包先生,恐怕不是你所说的'不多',而是少得可怜,依我看,连一艘旧船都买不起吧!"

包玉刚的脸更红了,的确,他的积蓄加起来也买不起一艘旧船,所以他才要四处奔走,今天专程来伦敦借款,谁想到马登仿佛对他的家底了如指掌,而且会遭到他如此侮辱性的嘲笑。

一股怒气涌上包玉刚的脑门,但很快,他便克制住了自己。稍稍缓了一下,包玉刚用平静的语气说:"马登先生,虽然今天我还买不起旧船,但并不等于说将来永远买不起新船。"

马登一愣,没想到包玉刚会说出这么有志气的话。他沉吟了一会儿,说道:"既然你对搞航运这么有兴趣、有信心,那我来成全你吧!我有一艘'格兰斯顿勋爵号'船,是第二次世界大战时造的,价值40万英镑,如果你要买,我可以给你提供60%—70%的贷款。"

马登一边说,一边拉开面前桌上的抽屉,取出船的有关资料交给了包玉刚。

包玉刚接过那叠打印出来的材料,仔细地看着。他发现,材料提供的与他了解到的并不相符,上面只列举了这艘船的几条优点。

一是船身选用优质钢板、采用先进焊接技术制造,与采用铆钉的船相比,更结实,更轻便;二是使用涡轮机,更加节能,船速更快;三是船舱宽敞,容量大于英国制造的同类其他船只。

包玉刚一看规格便说:"马登先生,我认为那艘船不好。"

马登惊奇地问:"理由何在?"

在见马登前一个星期,包玉刚就开始了解造船业的行情,他曾听好几个伦敦的船务经理提及这艘"格兰斯顿勋爵号",说该船已经破旧不堪,别说载货了,就算是空船开出去,也说不准能不能开回来。

包玉刚说:"我来到伦敦已有一个多星期,每个代理人都已把那艘船的规格表给我看过,足见那艘船的船东很难把它脱手,而且与市面上兜售的其他船只比起来,索价太高。"

马登很不高兴,说道:"我刚才说了,你如果有意买这艘船,我可以贷款给你。"一面又塞了几张纸到包玉刚手里。

包玉刚再看看马登递给他的合约,发现上面的条款繁杂而苛刻，凭着包玉刚在银行业这么多年的经验，这分明是马登欺负自己没有航运的经验，想从中赚一笔。

包玉刚一下就看穿了马登的如意算盘，他忍住心中的怒火，彬彬有礼地对马登说："马登先生，照这个建议看来，如果我买你这艘船，并非你借钱给我，倒像是我借钱给你了。"

马登知道自己又一次错看包玉刚了，这个年轻的东方人不但是一个精明的生意人，而且还有着一种不卑不亢的东方人的坚韧。他只好用两声干笑来掩饰自己的尴尬。

包玉刚的伦敦之行，虽然没有借到钱，但是不失他的志气与自信。包玉刚两手空空从伦敦回到香港，思前想后，决定自己筹钱买船。他向父亲倾吐了自己的愿望与决心。

自从决定搞航运之后，包玉刚一直东奔西走，四处碰壁，人也日渐消瘦憔悴，父亲包兆龙看在眼里，疼在心里。虽然对搞航运仍有些顾虑，但儿子的坚韧和执着深深地感动了他，包兆龙决定倾其所有，全力支持儿子。尽管这些年跑贸易赚了些钱，再加上来香港之前变卖家产得来几十万元钱，可距离购买一艘船的目标还是差得太远。

包兆龙于是提议，采用集资的方式，发动亲戚、朋友帮忙，经过多次游说，终于筹集了20万英镑的现金。

伦敦依然为潮湿浓重的雾气笼罩着，街上的景物灰蒙蒙，似乎缺乏了一种朝气。包玉刚走在这条街上，多云的天空，太阳时而露出，时而被一层薄云所遮。

包玉刚提着一个皮箱匆匆向威廉逊公司走去，皮箱里装着他全家的希望，20万英镑现金使他神色凝重，虽然他不会被周围的环境和气候影响情绪，但这次来伦敦的任务太重要了，要用20万英镑孤注一掷。

威廉逊公司并不算一个很大的公司，因为要发展其他业务，故将其属下轮船变卖。公司的负责人奇怪地看着从香港来的中国人，告诉他，公司只跟船舶经纪公司打交道，所有的船都交由船舶经纪公司处理。包玉刚并不气馁，他诚恳地对负责人说："我希望能买到贵公司的那艘船，我很需要它。我想搞航运，但资金有限，我想得到一个较为合理的价钱。"

大概因为包玉刚的诚心打动了威廉逊，威廉逊公司最终同意把船卖给包玉刚，价钱就是20万英镑。

包玉刚把手提箱往桌上一放，说："这是20万英镑，不过，我有一个要求，贵公司把船彻底检修一次再交货。"

这是一艘在格拉斯哥建造的燃煤旧货轮，运力为8200吨，已经有28年船龄了，名字叫"英爱纳号"。包玉刚要求威廉逊公司把船检修好以后，又请人把船油漆一新，然后把它开回香港。

这天清晨，香港码头上站满了包家成员，包玉刚的小女儿陪慧更是跳着脚喊着："爷爷，爸爸的船怎么还不到？"

终于，"英爱纳号"驶近了码头，岸上众人一起发出欢呼声。

包兆龙对走出船舱的包玉刚高兴地说："这艘船很漂亮啊，一点都不像快30年的老船嘛！"

包玉刚带着全家人上船参观。他对父亲说："爹，我已经有4个女儿了，这艘船就像我的亲生儿子一样！"

包兆龙看着踌躇满志的包玉刚，心里又欣慰又自豪。

4个女儿这里走走，那里看看，快乐得像小鸟一样。这时，小女儿陪慧扑到包玉刚身前，拉着父亲的手问："爸爸，我们这艘大船叫什么名字？"

包玉刚高兴地抱起陪慧："它呀，叫……"话到嘴边，包玉刚突然刹住了，他不想再叫它"英爱纳号"，他想给它起一个中国名字。包玉刚打量着自己的船，早晨的阳光洒遍船身，给它镀上了一层明亮的金色。

包玉刚灵机一动，对陪慧说："它叫'金安号'。"

包兆龙不由拍掌称赞："好，'金'代表财富不断，'安'字寓意船行时人货平安。就叫'金安号'！"

薄利长租初获成功

包玉刚投身航运事业的时候，世界上已有不少船王式人物，如美国船王路德威克、有"金色希腊人"之称的奥纳西斯和尼亚哥斯等。还有荷兰与英国合资的皇家壳牌集团、日本邮船公司、大阪商船三井船舶公司等，都是世界航运业的巨头。

就是在香港也有几家颇具规模的航运公司，其中董浩云就有"香港船王"之称。

董浩云也是浙江宁波人，早在20世纪20年代就从事航运业了，1928年，董浩云任职于天津航运公司。20世纪30年代中期，董浩云就曾经有创办中国航运信托公司的想法，他指出，将全国各大小民营轮船公司合并，与外资航运公司相抗衡。

1941年3月，董浩云在香港注册成立"中国航运信托公司"，将全国各大大小小的船舶统一调配。为寻求庇护，当时董浩云的船只均挂着巴拿马和英国旗帜，经营东南亚一带的航线。但是中国航运信托公司在香港维持时间不长就被日军接管了。

1946年8月，董浩云在内地成立"中国航运公司"。第二年，中国航运公司的"天龙号"货轮首航欧洲,"通平号"货轮首航美国旧金山,创下了中国航船进军远洋航运的先例。

1947年8月,董浩云又创办"复兴航业公司",此时他已拥有相当吨位的船队,世界上最大的油轮——56万多吨的"海上巨人号"就是董浩云从日本金山轮船公司定制的,当它下水时,在日本和香港引起不小的轰动,董浩云一时成为世界各大报刊的新闻人物。

董浩云开始逐步淘汰陈旧的船只,营建和购买新船,陆续添置了"如云号""陵山号""也云号""东方皇后号"等货轮,以及"东主华丽号""东方友华号"等豪华客货轮,在航运业一时名声大振。

前面有成功的典范,相比之下,包玉刚只有一艘旧船,不免显得有些黯然失色,甚至寒酸。航运市场就如同变化无常的海洋,时而风平浪静,时而狂风怒涛,想在这样一个特殊的领域里占据一席之地,把稳船舵,是极端困难的。

这不得不让人们产生这样的疑问:包玉刚仅凭这么一艘旧船就想搞航运业,难道不是异想天开吗?更有人打赌:"如果他靠这艘破船能成功,那么我愿意在香港码头上倒爬几个来回。"

1955年,包玉刚一购回自己的第一艘船,就想到要去拜访、求教于鼎鼎大名的董浩云。除了他是自己的偶像之外,还因为两个人都是宁波老乡。

那是一个阴雨绵绵的下午,董浩云收到一帖子,有一个名叫包玉刚的人求见。董浩云当时感到吃惊,他根本不认识包玉刚啊!

太太顾丽真在一旁提醒说:"怎么就忘了?他已经来过几次电话,我告诉过你,听说他还是你的宁波同乡呢!"

董浩云拍拍脑门，记起来了。俗话说："无事不求人，求人必有事。"包玉刚来访，不知是为何事。于是对太太说："我不想在家里见他。"

董浩云准备在办公室里会见自己的老乡。

次日，包玉刚一进门，就用宁波话跟董浩云打招呼："董先生，真是个大忙人啊！为见一面，我简直费了九牛二虎之力。"

董浩云笑道："勿要这样讲，实在是事务缠身，腾不出时间来。对不起，实在是对不起。"

乡音对乡音，两人很快熟络起来。

包玉刚坐下后，神态恭敬地说："董先生在航运界可是大名鼎鼎啊！当年在上海，只是没有机会和董先生认识。"

董浩云淡然一笑道："那都是过去的事啦！"

包玉刚道："我知道，董先生如今的事业真是盖世无双。我很佩服董先生，也受到很大启发。来香港几年了，我觉得还是航运业最有搞头，所以，不怕董先生见笑，我也想效法董先生，投身航运业。"

包玉刚年龄只比董浩云小7岁，如此一口一个先生，恭维得董浩云满心欢喜，便端出航运界前辈的架子，皱眉问道："你也想搞航运？你对航运业了解多少？"

包玉刚的脸唰地红了，嗫嚅道："其实在来港之前我对航运业是一无所知。"

董浩云见包玉刚脸红得像个孩子，发觉自己的话太直了，不禁有些不好意思，为表示歉意，故而改用打趣的语调说："一个门外汉，竟敢冒险独闯航运界，侬的胆子也真够大啊！我说老乡，侬很看好这一行吗？"

包玉刚笑了一笑，周身轻松起来，依然以谦逊的语调说："不怕侬笑话，我对船舶只有粗浅的认识，从小时候起，就一直想将来能当一名船长，周游列国，觉得那样一定很好玩。"

董浩云内心对包玉刚是诚心称赞，原来包玉刚是和自己一样，对航运业有着浓厚的兴趣，于是，两个人谈得十分投机。

包玉刚接着说："来香港以后，我做过贸易生意，也赚了一些钱，我想投资做点大事。航运是最廉价的运输方式，在香港搞航运业有很多优势，所以，我就把自己的全部心血投入进去。前几天，我从伦敦买一艘船回来，起名叫'金安号'。董先生是前辈，又是行家，我想请教一些心得。"

说到用20万英镑从英国人手中买来的"金安号"，包玉刚显出十分高兴的样子。

董浩云看出了包玉刚热心于航运业，于是就改变了自己的说法。本来他想告诫一下包玉刚："航运业是一个投资大、回报慢而又充满风险的行业，如果没有雄厚的资金作为后盾，想取得大的成就是不容易的。像我这样搞了几十年航运的尚且未能大展拳脚，你凭着这么一艘旧船，怎么可能在航运界立足呢？"

但他明白，包玉刚已经把船买回来了，再说这种话没有多大意思，同时又觉得，对方既然满怀希望专程来求教，还是应该让他了解一些航运业的实情，如果让自己的老乡在航运界乱撞乱碰的，心里总觉得过意不去。

于是，董浩云用委婉的语气说道："航运是成本最低的运输方式，这一点不假，不过，你想过没有，它的总投入并不低，依我看，它比起其他一些运输行业来，所需要的启动资金和周转资金都要多。做航运业，要有雄厚的资金。此外，航运比起其他行业来，更受政治气候、经济环境以及地区局势的影响，面临各种风险，所以，你要有足够的思想准备才行……"

包玉刚很用心地听着董浩云的每一句话，不时微微点头。

董浩云讲了大约半个小时，最后，他摘下眼镜，把身子往椅背上一靠，感慨万千地说："其实我跟你一样，从小就有一个关于海洋的梦想，直至进了这一行，才发现现实是现实，理想是理想。现在，恐怕你不会相信这些，我是体会得最深刻。"

当着这位刚刚认识的同乡，董浩云这天讲了很多肺腑之言，他隐约感到在这位将要成为同行的同乡身上，有一种东西是自己所曾经拥有，但随着岁月磨炼而逐渐流失了的，那就是闯劲。眼下，董浩云又仿佛找回了往昔的自己。

两人越谈越投机，彼此之间倾吐心语，不知不觉已经到了中午，包玉刚起身告辞，董浩云笑着说："你我虽为同乡，却至今才相识，可谓相见恨晚，既然同声同气，日后又是同行，如果方便的话，我想请包先生共进午餐。"

包玉刚连忙道谢："今天承蒙董先生指教，真是荣幸万分，怎能再麻烦董夫人呢！"

董浩云一再挽留，包玉刚深感同乡一片盛情，却之不恭，于是欣然从命。一番推心置腹的交谈之后，两个人成了好朋友。

包玉刚牢牢记住了董浩云"小心谨慎、审时度势"的教诲。他仔细思考着董浩云的话，再结合自己的计划，定下一条原则："用笨的方法取得用户的信任，在经营管理上超过同行。座右铭是：宁可少赚钱，也要尽量少冒险。"

包玉刚的"笨办法"就是"船必须能够赚钱"。他对追求这个目标有耐心。买下第一艘船以后，包玉刚马上把它租给了日本山下汽船公司，租期只有几个月。

1956年，随着以色列军队入侵埃及，第二次中东战争爆发，埃及政府遂宣布将苏伊士运河收归国有，并派遣军队占领了运河的两端，非其友好国家的船只，尤其是与以色列有贸易往来的船只不得通过。

苏伊士运河是连通欧、亚、非三大洲的主要国际海运航道，每年承担着全世界14%的海运贸易，在国际航运中具有重要的战略和经济意义。它的关闭，对于世界航运业来说，无疑投下了一颗重磅炸弹，引起了巨大的轰动。

而这时，包玉刚与日本山下汽船公司的租约正好到期，日本由于不是埃及的友好国家，山下汽船公司不得不付出比原来高几倍的租金，包玉刚才同意与他们续了约。包玉刚拿到这笔租金，继续购买旧船。

当时香港和国际上普遍实行按船只行程计算租金，即短期的办法。这种办法在世界经济繁荣时期，可以获得较高的利润，然而在动荡不定、战火弥漫的时刻，要想用一艘只有820吨位的船去赚钱这几乎是不可能的。

尤其是苏伊士运河事件之后，好多船主更是坐地起价，提高短期租金。这样不但收费额度高，而且可以随时提高运费。希腊船王奥纳西斯、美国船王路德威克，以及老一代的香港船王董浩云，都是这样做的。但包玉刚却反其道而行之，他冷静地分析了国际上变化多端的情况，毅然采用低租金长合同的稳定经营方针。他避免冒险单程包租，却以近3/4的船只，承接利润较低但较为安全的几年期的定期包租。

放着短期高价不租，却用长期的租约把自己捆死，而且租金标准还低了很多，任凭谁也想不出他到底搭错了哪根筋？

好多的行家对包玉刚这种放着高价不租，却用几年的租约把自己捆死的笨办法嗤之以鼻，更有人笑包玉刚是傻瓜，有人当众说包玉刚是一个外行，不能算真正的船家，只能算是一个"专门做航运生意的银行家"。

包玉刚却认为，长期租约主要有两个好处：其一是收入稳定、降低风险；其二是可以取得银行的信用保证。事实证明，包玉刚的看法是正确的。

包玉刚的这一方针为包氏打开了经营的门路，用户纷纷上门，向他租船，形势喜人，却也逼着他进一步发展船队。包玉刚果断地决定利用银行的作用，再次借债买船。

在短短一年多时间里，包玉刚已拥有7艘货船，并把公司改名为"环球航运集团有限公司"。这期间，包玉刚的主要经营伙伴是日本的货运公司和造船集团有限公司。

身体力行诚信为本

包玉刚决定搞航运以后，就立即埋头钻研船务。他买了大量关于航运、船舶方面的书籍，每天攻读到深夜；他经常去拜访董浩云等航运业的前辈，虚心向他们请教；他还利用各种机会，参观别人的船厂，向懂行的每一个人请教。

包玉刚说："我非常欣赏香港人讲的一句话：'力不到不为财。'用我们中国的古语来说，就是一分耕耘一分收获。有的人一遇见困难，便说'哦哦，对不起，我做不来'而放弃了。我不是那种人。我一打定主意认为那件事情对我有益处，我就做。"

包玉刚初涉航运业的时候，被行家们讽刺为"是一个连左舷和右舷都分不清的家伙"。

但到了1961年，当包玉刚购买他的第一艘万吨级货轮时，已经对造船学和机械工程了如指掌了。那时他再参加同行的聚会和公司的会议，许多专家都为他对航运业的熟悉和对船舶技术的精通而震惊。

几年奋斗之后，包玉刚的"环球航运集团有限公司"已经拥有了40艘二手船。

这时，作为环球集团主席的包玉刚，立刻决定：每天为其在世界各地航行的船队召开技术会议。通过电报，各地的船只把遇到的各种问题及时报告给总部，公司总部可以在第一时间获知如意外造成时间延误、水手发生不幸事故、机器出现故障、码头泊位不足以及其他天灾人祸等情况。如果航船出现问题，公司就可以准确知道船的方位，及时派人飞往离船最近的港口处理。

在技术会议上，包玉刚与公司人员一起分析所遇到的各种各样的问题，及时采取补救措施。这也为日后购买新船积累了宝贵经验。

每次购来新船，包玉刚都会请来工程师，他与大家一起进船舱、上甲板、爬舷梯，仔细检查船的构造和机器的运转情况，并且经常跟随新买的船试航。

大多数商业领袖都会指派受过彻底训练，对业务极熟练，而且完全可靠的人员去管理工厂或主持公司。包玉刚对于船只安全和船员训练都极为重视。集团散布在全世界各地的公司和所有船只上，都经常举行安全事务会议，讨论、估计并纠正船只航行中所注意到能引起大小意外事件的种种人事及设备缺点，由一位经验丰富的油轮船长专门负责船只的安全部门，凡是有关安全的资料和行动都由他统筹处理。

当时，招聘海员的机构叫"荐船馆"，但船员的聘用权掌握在船公司人事经理手中。于是，人事经理同荐船馆往往是内外勾结，利用手上的职权来充实自己的口袋，他们规定不论新职员还是旧职员，若想受聘，必须把头3个月的薪水，纳为荐用费，才能签到一张一年甚至是半年的合约。

这些船员在岸上受荐船馆的严重剥削，在船上工作又低微，因此士气极低，平时不是借酒消愁就是赌博度日。包玉刚意识到，这样的老弱残兵难以担当起他发展航运事业的大任。

1965年，包玉刚成立了环球航海训练学校，用以自行培养人才、训练"新军"。

这所学校是免费提供训练的，但学成之后要签一份3年期的服务合约，约满后即可去留悉听尊便。

包玉刚亲自负责训练、培养航海人员对于安全问题的重视。这是一桩很艰难的工作。包玉刚竭力训导海员，尤其是香港环球航海训练学校的学生，了解船只与货物可能遭遇的危险，并向他们灌输对自己的能力与工作感到自豪的观念。

包玉刚同所有雇员都经常保持个人接触，关心他们的福利、安全及前途，他认为，这即使不是所有主管人最主要的一个成功条件，至少也是船东极重要的一个成功条件。

在学校的课程设置方面，包玉刚颇费心思。他决定尽量避免枯燥无用的理论，而重视实际操作，他经常分析船队遇到的问题，以便确定为船员开设些什么课程。

有一次，有一艘船的冷藏库在新加坡出了毛病，送去修理，这时，离交货期已近，若延误行期，将损失惨重。

包玉刚决定，用最简单的办法处理：带上足够的冰以完成航行，交货后再修理冷库。

又有一次，一艘新的运矿船进行首次航行时，遇到了台风，造成搁浅并损坏严重。事后包玉刚发现，这场台风是有预告的，这艘船完全有可能避开这场台风，事先驶入避风港。

包玉刚找来这艘船的船长进行问话，发现他在航行前对船上的设备及当时的气候环境一无所知，于是，这个人被解雇。

包玉刚认为，一艘船的费用固然昂贵，船上所装的货物价值也是以百万美元计算的，如果没有经验，就会出现危险，因此，超级油轮上的新船长都必须经过专家的严格训练。

1965年至1982年间，环球航海训练学校共为环球公司培训了1700名行政人员、水手和工程师。这些人才，对香港航运业的繁荣以及香港成为世界第一货柜港，有一定功劳。

不少人认为，包玉刚的环球船运集团有限公司，如果不是很早就办了一个培训学校，培养出大批有学识、有技能、有士气和有归属感的"子弟兵"，则很难想象在1983年波斯湾战争时期，公司的船员能够驾驶三四十万吨的海上长城式的巨型油轮，在硝烟弥漫中完成如此艰巨的任务。

有一年冬天，一艘新船航行到日本长崎的途中，主机发生严重故障。轮船向长崎方面造船厂发出呼救信号，以便一驶入长崎港口即可进行紧急修理。

包玉刚一接到消息，立即由香港飞到日本，视察修理工作。

飞机一到长崎，包玉刚不顾海上恶劣的天气，冒着海上猛烈刺骨的寒风，登上快艇前往海上。冰冷的滔天海浪溅到他的身上，就如一把把冰刀刺来。

一连几天，包玉刚就在飘摇不定的轮船上跟着大家一起修理故障，累得几乎都要散架了。

修理完毕后，包玉刚随船出港，亲眼看见一切没有问题了，才离开该船改搭领港船返回长崎。夜晚海面风浪汹涌，又值严冬，寒冷无比，领港船是艘竹篷小船，舱内烧着炭盆，直冒黑烟，包玉刚很有顾虑，不敢入舱，始终站在舱外，唯恐出事。

从那以后，包玉刚下决心好好锻炼身体，于是他又多了一个运动习惯——冬泳。

数星期后，那艘船向公司呈报添置一套新碗碟的账单。包玉刚查询原因时，船长解释说原来的碗碟太破旧，船东在船上不便使用，因此竟把全部碗碟都换了新的。

包玉刚吩咐，对船上损耗品定期核查，及时更换。必要支出一定费用，但要有责任制，不能无原则地投入。

包玉刚还特别重视控制成本和费用开支，他一直坚持不让他的船东浪费公司的一分钱，他总是说："不要跟那些毫无计划花费的人一起休息。"为此，水手们总是形容包玉刚是一个"十分讨厌浪费的人"。

包玉刚认为，商业机构如欲成功，必须控制成本。在航运业方面船东控制开支的能力更直接关系到他的竞争能力，因此，节省船只开支费用极为重要。

原因有两个：第一，个别船东不能左右世界航运市场，因此必须设法控制开支以确保预算的收入。长期租赁船只更应注意控制航行开支；第二，船只在航行中可能需要极多额外的开支，因为它航行全世界，随时随地可能发生意外，需要修理、保养、补充用品。

按照定期租船合约，租户有权向船东要求赔偿因船只不能履行租约中所载明船航速度及用油限额规定而导致的损失。这会影响船东预期所得的收入。因为如果赔偿要求事件发生太多，船东在市场上的信誉会受影响，从而减少他将来扩展业务的机会。

包玉刚给手下的高级职员的办事指示，都用手写的纸条来传达，那些纸条也都是纸质粗劣的薄纸，而且条子的大小以字的多少撕成一张张小条，一张信纸大小的白纸也可以传达包玉刚的三四个

"最高指示"。

包玉刚一天工作最少12小时,此外,他还抽出一些时间看书学习、锻炼身体。

包玉刚有句名言:"在国际社会里,生活方式、行动和从前不一样,在商业道德上,还是老传统好,要有信誉,有信用才行,这里面关系很大。"

由此可见,包玉刚对信誉的重视及信誉对企业经营的重要。好的信誉,就是财富。

包玉刚曾说:"我的信誉有着良好的记录。"他把信誉比喻成"签订在心上的合同"。他说:"签订合同是一种必不可少的惯例手续,纸上的合同可以撕毁,但签订在心上的合同撕不毁。人与人之间的友谊建立在互相信任的基础之上。"

包玉刚始终恪守信用,从不开空头支票,良好的经营信誉,奠定了他事业成功的基础。

包玉刚以恪守信用为做人准则,因而对那些背信弃义、不守信用的人疾恶如仇,即使头顶香炉跪在他面前哀求,他也绝不宽容,绝不同情。

在他经营航运开始的几年,手中的船并不多。有一次,他看在一位朋友分上,把其中一艘船租给了一个港商,是6个月的短期合约。

在与这个港商签约前,包玉刚已对这个港商进行了详细了解,他听说此人是一个投机商人,名声不太好。只是碍于朋友面子,加上港商不逾期,他才勉强同意短期租借。

然而,租约到期之日,正值苏伊士运河关闭,运费飞涨,那个港商见有利可图,便千方百计以种种理由留住船只,到期也不退回,并且想继续租用包氏的低租货船,除了主动把租金提高了一倍,还以现金预付 1/3 费用。

但包玉刚对此人的行径极为不满,坚决拒绝续租请求,他说:"你把租金提高 10 倍也不会租给你了。"却把船以相对偏低的租金与日本一家信誉好的公司签了长约。

在金钱与信誉的天平上,包玉刚选择了后者。

事实证明,包玉刚的选择是正确的。后来,埃以战争结束,关闭的苏伊士运河重新开放,运费突然暴跌,那个冒险投机家宣告破产,而那些租船的船东也蒙受很大损失,有的也跟着破产了。因为包玉刚与日本租户签订的是长期合同,从而避过了一场灾难。

包玉刚事后总结说:"你老老实实做生意、讲实话,干事规规矩矩,别人对你就有信心。"

策略营销吸引油商

在20世纪50年代,包玉刚所经营的都是散装货轮,吨位小,加上低租金,赚钱不多,发展不快。几年过去了,他仍是航运界默默无闻的小辈。

1967年以后,由于欧美工业蓬勃发展,各国竞相争取能源,中东石油运输需求大增。

包玉刚敏锐地发觉,这是一个发展航运的大好时机,于是决定开始购买油轮,面向世界。由于资金有限,包玉刚开始只买了4艘小油轮。

可包玉刚这时碰到一个棘手的问题,欧美的石油公司和其他租户对华人船东的船只都不屑一顾。认为中国人的船只年代久、管理差、技术状态不好,而包玉刚出道时间短,外国人对他的名字十分陌生,对他的船队一无所知。这些公司老板只相信希腊船王奥纳西斯和挪威船王尼亚科斯。

包玉刚对此非常焦急,两道浓眉拧成一个疙瘩。这是西方人的一种浅薄的偏见。他决心要破除这种人为构筑起来的偏见,打开僵局,为中国人争一口气。

包玉刚开始四处出击,遍访各家欧美石油公司,一一游说,许诺作保:如不能保质保量按时地把油运到卸货港口,自愿接受加倍罚款,赔偿损失。

但欧美石油公司的老板们还是抱不信任态度,向他摇头。

有一次,包玉刚找到蚬壳公司,生意虽然没有谈成,但包玉刚的气魄和胆量、见识却给蚬壳公司留下了较深的印象,蚬壳公司也没有把路堵死,而是告诉他:等他的船有了眉目再来洽谈。

其中一位业务人员,被包玉刚的诚恳态度和流利的英语所感动,建议他找美国的ESSO石油公司谈谈。

这天,包玉刚去面见ESSO石油公司负责人。ESSO石油公司租船部经理戴维纽顿一见到包玉刚的东方面孔,就傲慢地问:"啊,你是谁?"

包玉刚不卑不亢地回答:"我是香港来的,我计划向您的石油公司提供4艘小油轮,是15000吨和16000吨的小油船。你们是否需要?"

戴维纽顿或许为包玉刚的胆量和气魄所动,接着在与包玉刚交谈下,又发现了包玉刚的见识不凡,他微笑着说:"但是,我看不到很低的租价?"

包玉刚仿佛看到了一线曙光,他立即回答:"好,我可以提供很低的租价。"

戴维纽顿被包玉刚的诚意打动了,他说:"包先生,我可以给你一次机会,用你们的船试一次。"他又重复了一遍:"就试一次哦!"

包玉刚微笑不语,心里想:"有一次,就会有第二次、第三次……"他不再说话，他知道，跟欧美人打交道，要用行动来取得信任。当他们不了解你的时候，他们会非常小心，不会轻易相信你，一旦你作出成绩，让他们满意了，马上就会与你成为合作伙伴。

包玉刚亲自上阵，率领4艘小型油轮漂洋过海，往返运货。小型油轮运载量小，自然比不上大油轮。但它的船速快，进港、靠岸比大油轮灵活，对于能源急需的国家来说，石油早一天运到，早一天投入使用，就能赚大钱。

对这一点，包玉刚心里十分清楚。

包玉刚也知道，这次为美国ESSO石油公司运油成功与否，不仅关系他的船队能否在海上航行，也关系到整个在港中国船队能否在国际航运界立住脚。他像珍惜自己的眼睛一样，珍视这次运油的合作与信誉。

包玉刚以宁波人的精明，严密计算，统筹安排，精确无误地核定出小型油轮运送的日期，夜以继日地直接组织、调度人员，亲自监督船队装油起航。

一番心血终于没有白费，4艘油轮按照合同，提前几个小时完成这次运油任务。无论是运输速度、装卸质量、安全保障等方面，都使美国ESSO石油公司十分满意。

戴维纽顿非常高兴，向包玉刚伸出双手，激动地叫喊着："OK！OK！包，我们的合作非常愉快，非常成功，今后我们可以经常合作。"

他两手用劲儿抓着包玉刚的肩胛，仿佛要把他悬空拎起来，"中国船队，棒！"

戴维纽顿是个讲交情的人。为了感谢包玉刚及时把石油运到，他特地在纽约举行酒会答谢，高度赞扬中国船东恪守信用和卓越的管理技能。

这次为美国ESSO石油公司成功运油，为包氏环球公司在世界油轮业务方面打开了一条出路，并且为香港的华人船东赢得信誉做了开路先锋。包氏环球公司从此跻身国际航运界，船队有了迅速的发展，由7艘发展至20多艘。

巧借外力发展船队

包玉刚的航运事业在一步步小心翼翼地向前发展着。公司业务越来越多,必须扩展船队规模了!

以包玉刚当时的财产,当然不止100万美元,但是,他的财产大部分属于固定资产,而且以低廉租金租了出去。就算拿100万美元流动资金买一艘大船,一则比较困难,二则划不来。包玉刚想到向银行借贷来发展自己的船队。

在商品经济社会,银行的一个重要职能就是放贷,银行是企业的最大输血机构。不少公司就是靠银行贷款发展起来的。不过,向银行借贷必须要有信誉好的有钱人作担保。

包玉刚的船队要迅猛发展,除了善于抓住机遇,诚信经营外,还在于他要巧妙地借助银行的力量,借鸡生蛋。但是,向银行借钱,找谁当担保人呢?在这里,银行更多的是看重钱,而不是人。

包玉刚苦苦地思索着:"如果我能够找到一样东西证明有偿还这笔债务的能力,那么这样东西可以作为我的担保。"

包玉刚脑海中灵光一闪："对，找日本银行给我开一张信用卡作为担保！"

自包玉刚把他手里的一艘船租给了日本的山下汽船公司之后，他便和日本人结下了不解之缘。

而且，日本在第二次世界大战之后为了尽快恢复国力，从工商业入手，向世界各地的企业家大开方便之门，为了鼓励外商到日本做生意，日本银行提供给外商的贷款利息要比提供给本国人的低得多。

包玉刚接下来又考虑："但是，找哪家银行借钱呢？"

包玉刚权衡了汇丰、渣打、有利三家银行，决定找汇丰银行。原因有两条：一是自己的船队中有一艘是抵押给汇丰银行的，可说有业务往来；二是自己与汇丰银行信贷部主管桑达士打过交道，又在高尔夫球场经常见面，算得上有些交情。

1961年，包玉刚与桑达士约好在香港会所蓝厅见面。

见面寒暄过后，包玉刚指着墙上一幅画问桑达士："桑达士先生，你们英国在世界上号称'日不落帝国'，殖民地遍布全球，你知道主要靠的是什么吗？"

桑达士顺着包玉刚的手指望去。那幅画上描绘的是早年英国商船停泊在维多利亚港上的情景。

桑达士不知道包玉刚这样问他的目的是什么，他想了一下，反问包玉刚："我想是因为有坚固的船只和威力无穷的大炮，你说呢？"

包玉刚点了点头，然后说："嗯，最重要的是坚固的船只。不过时代变化很快，当前日本并没有因为第二次世界大战的失败而一蹶不振，而是痛定思痛，奋起直追，现在他们造出来的船，已经不亚于欧洲的了。"

桑达士有些不服气地争辩说："但日本的造船技术毕竟是从欧洲学去的，要说起经验和技术来，他们只能算是小学生。"

包玉刚看着桑达士着急的样子，微微一笑，他接着说："桑达士先生，您不要着急，听我慢慢分析。目前日本船的设备、性能的确已经达到了欧洲的水平，但是他们的售价却比欧洲的要便宜1/3，而且日本还有完善的售后服务。造船商承诺负责保养期间的一切费用，他们卖出去的船，无论在什么地方抛锚或者机器出了故障，他们都会立即派出工程师乘飞机前去维修，并承担一切费用。另外，他们是等船造好了送到买主手上之后再收钱。日本人这种经营手段对船主太有吸引力了。"

说到这里，包玉刚喝了口茶，并留意一下桑达士的反应。桑达士认真地听着包玉刚的分析，他示意包玉刚继续讲下去。

包玉刚接着说："日本人虽然在造船水平上有了很大的进展，但他们却并不想拥有船队，主要是因为他们资金方面的困难。另外，他们如果有了自己的船队，那就要挂日本国旗，雇日本船员，日本国的员工工资比香港的员工工资要高3倍，所以他们宁愿租船用。"

桑达士问："这就是你这么多年一直跟日本人做生意的原因？"

包玉刚微笑着点了点头："是啊！英国、日本和美国这些国家，在国际上为自己树立了不少敌人，您不否认这一点吧？"

桑达士不置可否地摇摇头。

包玉刚继续说："所以这几个国家搞航运的话，就会在世界上受到很多限制。而在香港搞航运，有利因素就太多了。香港是一个自由港，任何国籍的轮船，都可以进来，同样，只要是对我们有利，我们也可以拥有任何国籍的轮船……"

桑达士对包玉刚的分析产生了浓厚的兴趣，同时也对包玉刚对事物的精确判断而心生敬意。

这时包玉刚才亮出自己的想法："桑达士先生，我已经和日本一家造船公司谈妥了，我准备订一艘新船，排水量为7200吨，可能需要100万美元。等我买下之后，我再把船租给他们。租期5年，第一年租金是75万美元。"

桑达士有些明白包玉刚转了一个大弯的原因了："你是想从我们银行贷款？"

包玉刚说："对。"

桑达士在心里盘算了一下：虽然第一年的租金有75万美元，但是各种费用加起来，也不是一个小数目，那么，这艘船的成本就需要10来年才能收得回来。如果借钱给包玉刚，那银行就需要承担长时间的风险。

桑达士低着头沉吟了一会儿，为难地对包玉刚说："包先生，对于航运业，我们银行一向比较谨慎，银行贷款的规矩，包先生你是清楚的……"

看来还是这个理由嘛！包玉刚心里有了底。

包玉刚说："你是说让我去找一位可靠的担保人，对吧？如果有一家日本银行开出信用卡，汇丰银行是否愿意借钱给我？"

银行能开信用卡，就证明租约保障没有问题。包玉刚如果能拿出一张信用卡，不就和找到一个可靠的担保人一样吗？对于这点，桑达士心里明白得很，他也很清楚，包玉刚是那种不达目的不罢休的人，桑达士想："与其让他喋喋不休地纠缠下去，不如就先答应他，反正他也未必有能耐拿到日本银行的信用卡。"

想到这里，桑达士爽快地对包玉刚说："包先生，只要你拿来信用卡，我马上给你贷款。"

包玉刚眼前一亮："此话当真？"

"君无戏言。"桑达士得意扬扬地使用了一个他新学的中国成语。

包玉刚告别桑达士出来之后，马上订了一张飞往日本的机票，他飞到日本，一下飞机，就径直去拜见租户的总经理，向他说了自己的构想。

对方一张口就是一连串"叽里呱啦"的日语，包玉刚听得是一头雾水，十分后悔匆忙之中没有带一位翻译。不过，语言沟通上的困难是难不倒包玉刚的。想当年，包玉刚小学毕业便只身前往汉口，在那里他不是很快就攻破了语言关吗？后来举家前往香港，他也仿佛到了一个陌生的世界，粤语不比外国话好懂，可他仍然很快就跨越了这道障碍。

因为之前和日本有过几笔生意往来，包玉刚专门请了一位日语教师，每周都上几个小时的课，从不间断，现在，他也可以粗略地听懂一些日语，只是对方的语速有点快，他还不是特别适应。于是，包玉刚使出了浑身解数，英语、日语交错使用，终于让对方明白了自己的用意，包玉刚这才长长地舒了一口气。

可是，向来以狡猾、精明闻名的日本商人怎么会如此轻易地就答应包玉刚的请求呢？对方只是表示明白，但并没有点头应允。

包玉刚是何等聪明，岂有不明白之理？对方无非想要自己再给予一些优惠条件。他索性豁出去了，当下保证，如果自己的船在海上出了事，他会把保险金赔偿全部都给对方，自己一分不留。

谁都知道大海变幻莫测、风浪无情，充满凶险，因此，海运保险保费十分昂贵，万一出了意外，投保人将得到一笔数量可观的赔偿金。对包玉刚来说，如果放弃这笔保险赔偿金，就意味着血本无归、倾家荡产。

不过，既然他能许这个诺，也说明他的确是有诚意的，于是精明的日本客户考虑再三，终于答应带包玉刚去找他们的银行经理。三方进一步商议之后，最后，包玉刚终于如愿以偿，拿到那张帮助他踏上船王之路的银行信用卡。

当包玉刚拿着这张银行信用卡，走进汇丰银行桑达士办公室时，那位金发碧眼的英国绅士惊奇地睁大眼睛，仿佛不相信这是事实。一个毫无背景、航运经验不算丰富的中国人，居然能在短短的几天里，拿到一张货真价实的由日本银行开出来的信用卡，这看来似乎是天方夜谭，然而，现在却真的变成了现实，惊讶之余，桑达士再次被这位中国商人的非凡能力所深深折服。

做银行的最讲"信"字，由于自己说过"君无戏言"的君子协定，桑达士并不食言，立即给包玉刚贷了款。包玉刚通过这种借鸡生蛋的办法，开始建立自己的海上王国。

桑达士因支持包玉刚搞航运，开创了银行涉足海运的先河，1962年被提升为汇丰银行的首脑。两年后，桑达士更是与包玉刚携手合作，由汇丰银行投资环球航运。

1971年，包玉刚接受汇丰银行邀请，加入其董事会，从而成为进入汇丰银行董事会的第一个中国人。

20世纪70年代以后，汇丰银行渐渐超过了渣打银行和有利银行，其中一个重要原因是，采纳包玉刚的"投资多样化"的建议，走国际化路线。事实证明，汇丰的路子走对了。

从此以后，包玉刚、桑达士、汇丰三者之间便建立了无法割断的千丝万缕的联系，汇丰既然已参股到包玉刚的环球航运，势必不会让它垮台，而包玉刚凭借汇丰的雄厚财势，在航运界大展拳脚。

包玉刚通过银行贷款，在二手货轮市场上大量购买船只，短短几年内，就拥有了40多艘巨型远洋货轮。从此，他的事业蒸蒸日上，资金也像滚雪球一样越滚越大。

包玉刚初涉航运界的时候，由于资金的关系，购置的都是一些旧货船，船龄也较长。就在包玉刚为旧船经常需要修理，给资金和经营管理造成不小的浪费和困难而烦恼不已的时候，恰逢日本政府着手复兴本国的造船业，国外企业向日本船厂订购船只，可享受低息贷款。有此机遇，包玉刚当然不会错过，于是，他便以较少的资金，淘汰旧船，更换新船。

1962年11月，包玉刚订购的16000吨的"东方樱花号"在日本船坞下水，标志着船队更新换旧的开始。

在此之后，汇丰银行又和包玉刚合作，成立了"环球航运投资有限公司"，而包玉刚在汇丰的地位也稳步上升。后来，包玉刚更是荣任汇丰银行的副董事长，成为汇丰银行历史上首位华人董事，同时也是亚洲的第一人。

从1962年的第一艘新船下海开始，包玉刚船队里的新船90%以上都是由日本造船厂造的。

1970年，航运业兴旺的时候，各国的船东都争相在日本造船。1971年，航运业情况不振时，船东们都不再惠顾日本船厂了，但包玉刚却在这时一连订了6艘巨型远洋货轮，总吨位超过150万吨。包玉刚也因此被日本的造船厂认作"最值得尊敬和最信任的主顾"，常常是要包玉刚"先把船开走，再慢慢付款"！

另外，包玉刚订造的新船85%都是租给日本的航运公司，而日本的航运公司也认为租用环球公司的船只租金最低廉，信誉最可靠，因此，他们更乐于租用包玉刚的船只，而不是自己买新船，这似乎已形成一种不成文的默契。

1972年，包玉刚在百慕大组建了"环球国际金融有限公司"。公司的股东中有香港汇丰银行、日本兴业银行及环球航运集团，包玉刚出任董事会主席。

终成一代世界船王

包玉刚虽然拥有了规模不小的船队,但由于他一向低调做人,不事张扬,所以新闻界也不怎么炒作他。当时并没有人把"船王"的桂冠戴在他的头上。

当时世界公认的船王是希腊的奥纳西斯。

1968年,包玉刚见到了奥纳西斯。当时,包玉刚因为生意上的事情来到了美国纽约,有位同行告诉他:"大名鼎鼎的希腊船王奥纳西斯也在纽约,你们不如见个面认识一下?"

包玉刚一向是一个虚心好学的人,他马上同意了。

62岁的奥纳西斯依然精力旺盛,喜欢喝"黑"牌威士忌,每天要抽60支香烟。

奥纳西斯见到名不见经传的包玉刚时,只是把他当作一个刚入行的年轻船主,面带傲慢。这下激起了包玉刚的自尊心,他只是简单与奥纳西斯敷衍了几句,就与他不欢而散了。

1971年秋天,包玉刚来到英国,坐上了从伦敦前往普利茅斯的头等车厢。

坐了一会儿，同车厢的一位英国绅士麦理浩走到包玉刚面前坐下，与他聊了起来。

包玉刚的英文是相当流利的，因为他一有空就补习英文。他的老师是香港大学讲师白端讷。包玉刚请老师补习英文，并不是学什么生字和文法，而是学朗读，学习优美的发音。

闲聊中，麦理浩问起包玉刚从事什么职业。

包玉刚说："职业嘛……我自己有一些船。"

英国是岛国，所有人对船似乎都有着很大的兴趣，麦理浩当然也不例外，他蛮有兴致地问包玉刚："那您有多少艘船呢？"

包玉刚微笑着回答："嗯，很多吧，七八十艘？具体多少艘我自己也记不清。"

麦理浩不相信地继续追问："那有希腊船王奥纳西斯先生那么多吗？"

包玉刚看着那位绅士："嗯，大概奥纳西斯和尼亚哥斯的船加起来和我的差不多。"

麦理浩一下睁大了眼睛，他看了包玉刚好大一会儿，这才说出一句："呀！原来真正的世界船王不在希腊，而是在香港！"

麦理浩把这次与包玉刚的对话传扬了出去，于是包玉刚便赢得了"东方奥纳西斯"的称号。后来，麦理浩曾一度出任香港总督，他一直与包玉刚保持着很好的友谊。

1974年春天，奥纳西斯反过来登门拜访包玉刚来了。

当时包玉刚也是在纽约，奥纳西斯费了好大劲儿才找到包玉刚下榻的酒店，他怎么也想不到，已经成为船王的包玉刚却依然生活如此简朴，住在如此普通的酒店里。

东西方的两位船王一见面，当然包玉刚不计前嫌，仍然很礼貌地接待了奥纳西斯。

奥纳西斯坐下之后，闲聊了几句，就转入正题说："包先生的为人诚信和做事勤勉，已经为世人所称道了，我和我女儿都十分敬仰您。"

包玉刚看着年近古稀的奥纳西斯，不知道他说这番话是什么意思，但还是谦虚地说："您过奖了，当初您叱咤航运界、雄震一方时，我还是个无名小辈，我后来的成功也得益于向您的学习。"

奥纳西斯看着包玉刚，长叹一声："后生可畏啊，可惜我唯一的希望——我的儿子亚历山大，他死去了。"

包玉刚深表同情地说："我也听说了，您也别太过于难过了。"

奥纳西斯想了一下，有点为难地说："包先生，您大概也听说过，奥纳西斯是个狂人。我这一生极少求人，但是今天我来见您，却是有一事相求。"

包玉刚早就想到奥纳西斯肯定是无事不登三宝殿，他听说过奥纳西斯没有说不出的话，没有办不到的事。如今见他如此低声下气地跟自己讲话，不由想到中国那句古话："三十年河东，三十年河西。"

包玉刚诚恳地对奥纳西斯说："奥纳西斯先生，从年龄上说，我是您的晚辈；从行业上讲，您也是我的前辈。有什么事但讲无妨。"

奥纳西斯很欣赏地点点头，"亚历山大死得很惨，我有些心灰意冷了。而且我现在年龄已经这么大了，我想把生意交给我女儿克里斯蒂娜。不过她还小，我希望包先生能帮帮她。"

包玉刚惊奇地问："我？您要我怎么帮她？"

奥纳西斯说："我是这样想的。我们可以建立一种互惠互利的关系。比如合资经营。"他看了一眼包玉刚，接着说："或者就由你来代理你和我的船队……或者采取其他的合作方式也可以，只要能有利于克里斯蒂娜的成长。"

包玉刚听到这里，不由得暗暗地思索起来："奥纳西斯的船队规模宏大、实力雄厚，如果我们两家强强联手，那的确是个千载难逢的好机会……"

可是包玉刚转念又一想："但是，与奥纳西斯这种西方人在一起，大家处事作风和生活习惯都相差悬殊，而且我从来没与他合作过，将来是否能合作愉快呢？"

包玉刚同时想到："而且，我在这种情况下答应奥纳西斯，别人会不会认为我是乘人之危呢？希腊的另一位船王尼亚哥斯与奥纳西斯一直是死对头，我一旦与奥纳西斯合作，那势必等于是与尼亚哥斯为敌……一切还是谨慎为上。"

包玉刚把所有的利弊都分析了一遍，之后他婉转地对奥纳西斯说："合资经营的内容太复杂，您突然之间提出来，我还没有仔细考虑周全，您给我一段时间好好考虑一下吧！"

奥纳西斯听了包玉刚的话，大失所望，但又无可奈何，只好面带遗憾地告辞了。

第二天，奥纳西斯再次邀请包玉刚去他新落成的奥林匹克堡酒店做客，包玉刚又礼貌地回绝了他。

虽然事情没有谈成，但奥纳西斯也对包玉刚敬佩三分，他曾经十分诚恳地对包玉刚说："尽管我搞船队比你早，但和你比起来，我只是一粒小小的花生米。"

1975年，包玉刚的环球集团所属运油船和干货船达84艘，这离1955年一艘旧船起家时刚过了20年。

至1980年，包玉刚的环球航运集团的船队已发展到200多艘，载重量达到2100万吨，被人们敬称为"海龙王"，成为世界船王之首。

包玉刚在航运界的声势越来越大，很快引起了本行业人士的注目，包玉刚更显示出他的大海一样博大的胸怀，他的人格魅力也充分地表现出来，受到世界各国政要的尊敬。

英国女王伊丽莎白封他为爵士；日本天皇，比利时国王，巴拿马、巴西的总统纷纷授予他勋章；中国领导人邓小平也都曾接见过他，全世界的华人商家可以说是比比皆是，但获得如此高的、广泛的国际声誉的却只有包玉刚一人。

从这一点上可见包玉刚豁达的性格。认识包玉刚的人都知道他是个笑声朗朗、随和、不拘小节的人，与人交往非常友善得体，所以包玉刚的朋友遍布天下，那些不曾与他谋面都深知其为人，对他尊敬的人士数以万计。

审时度势预见危机

1978年,包玉刚的航运事业发展到了顶峰。在蓝色的海洋上,包玉刚凭借着银行家的睿智与敏锐以及高超的商业手腕成就了自己的霸业。

此时,一场因中东战争而引发的石油危机席卷全球,导致了航运市场的空前繁荣,在很多人眼里,作为全球航运业"龙头老大"的包玉刚势必是最大的获利者。

各国疯狂抢购石油,船东当然喜欢这种情形。

当时,包玉刚拥有1000多万吨的船队,其中有50艘是超级油轮。这些油轮价格昂贵,一艘油轮就足顶得上一座大厦的价值。在石油运输繁忙的时候,这些超级油轮就成了挣钱的宝贝,走一趟下来就是几百万美元的利润。于是,各国的船主纷纷订购超级油轮。

但是,包玉刚却像海燕似的嗅到大萧条风暴的气息,在他看来,这种情形不可能长期保持下去,20世纪70年代后期,许多国家已经罐满库盈,日本等国开始大幅削减石油进口量。随着石油危机的出现,当油轮供大于求时,航运业无疑会受到很大的打击,航运市场的情况必定会越来越糟。到那时，这些超级油轮必然会成为船主的负担，其昂贵的保养费将使船主一夜之间倾家荡产。

其实，当时很多从事航运业的船主都意识到了这点，但是，他们却天真地认为，"船到桥头自然直"，抱着一种听天由命、顺其自然的心态。可是如果船到桥头直不了，那么等待他们的就是"船翻人亡"的悲惨下场。

包玉刚有着十分接近市场的感知力，他以银行家的敏锐与睿智，实业家的大胆与魄力，在航运低潮来临之前，大刀阔斧地对集团战略作出重大调整。

也许有人会奇怪：包玉刚为什么能够如此准确地预测未来呢？难道他有特异功能？

如果说包玉刚有特异功能，那只不过是在说笑话，但事实是，他的确有一种与众不同的本事，使他从旁人容易忽略的事物中发现一些重要的线索。

银行家出身的包玉刚，特别擅长从别人的谈话中，推测其内在的深意。在外人看来，包玉刚常常是行踪不定的，也许今天人们听说包玉刚出现在某国国王的皇宫里，明天就会有消息说，包玉刚受邀到某国总统的官邸做客。

看起来他似乎是经常周游列国，而实际上他是在收集信息，把握住世界的政治格局变化和经济脉搏，以使自己能更准确地获取各种有用的信息，从而及时地为自己的决策制定正确的方向和路线，以帮助自己作出适当的决定。

1976年，美国哈佛大学经济学院邀请包玉刚去演讲，在那里，包玉刚发表了题为《经营航运的个人心得》的演讲。

包玉刚在演讲中指出："要想当一个世界著名的经济大亨，就不能远离政治，必须了解时局，在缤纷缭乱的表象中，抓住实质性的东西。请大家不要期望听到一个管理技术和筹划资金策略的公式。深入的调查研究和理智的综合分析，是正确判断的基础。"

包玉刚还告诫同学们："也许各位当中有一位将来身居要职，必须探究公司未能达成业务指标，或经营失败，乃至于政府机构国民经济收入欠佳的原因何在。如果有此一日，请先将调查手下主管人员的能力及态度列为要务之一。不管是私人企业或政府机关的主管人员，都应该不断学习以求适应和成长，否则就会落后。

"在市场情况最兴旺而使人陶醉时即应该未雨绸缪，以防万一。如欲成功，只有多花时间并下苦功去研究。航运管理可说是千头万绪，需要集中精神对付，而且要经常注意细节。现代船只经过高度精密的科技建造而成，在岸上和海上都有许多设备需要专门人才管理和操纵，一不注意，因缺乏经验或稍有疏忽，就会肇事，造成生命死亡，船只受创，而失去租金收入。

"选择最可靠的设备，周密的训练，稳健的保养制度，尤其是严密督促日常船务管理工作，是船东成败的极重要因素；充足的资金准备，良好的会计制度，有条理的内部管理和基本经验并有实惠的生意头脑也同样重要。建立一支相当庞大的船队需要雄厚资金，资金成本在航运业方面自然是重要的一环。因此，和债务人与投资者、金融机构及股票的关系对一个船东至为重要。"

在一次接受香港记者采访的时候，包玉刚把他的这种观点具体化：

> 做航运业，是要下功夫的！要研究。自己呢，一定要肯吃苦，要努力。船在外面走，你就要跑来跑去，信息就

要多,电话要通,要灵!譬如说,现在中东的局势你自己看不清楚,那么你怎么去决定一艘船务的处理方法?

举个例讲,国际金融这么动荡,你就要考虑,究竟是用美金、用日元,还是用马克!你收人家的是什么钱,将来通货膨胀会怎么样?这中间,种种有关系的事情很多。

又譬如说,最近中国向美国购买大批粮食,这就与船务航运有很大关系了,对不对?

两伊战争会什么时候结束?往下去石油的情况怎么样?会影响西方国家经济吗?都会和船务有直接的关系。

人的关系也很重要!世界政治的关系也很重要!世界经济的关系也很重要!现在是日本造船,韩国造船,各种各样的资料,你都应该清楚。

自从1973年世界石油危机之后,工业发达的国家都意识到能源是关乎生死存亡的因素之一,它们不得不痛下决心,加强石油的自产能力,以图摆脱阿拉伯产油国对它们的控制。

即使在工业并不发达的中国,其丰富的石油资源也引起了西方国家的兴趣,并积极帮助中国开发南海的海底石油,这项计划一旦成功,那么日本对石油运输的需求将大大减小。

这次石油危机,还导致了一个新学科——替代能源的兴起,包括日本在内的科技发达国家,都积极地开展对这一课题的研究。

1977年,沈弼取代桑达士成为汇丰银行总经理,上任伊始,即对包玉刚的贷款采取收缩政策。银行对投资于包玉刚的航运事业的兴趣明显减弱。

1978年,包玉刚的环球公司在日本的两个大客户之一的日本轮船公司因经营不善而面临倒闭。那时，环球公司与日本轮船公司签订有20多艘超级油轮的租约，对方一旦倒闭，环球将会遭受巨大的损失。

环球公司为此马上召开了一次董事会会议，会上，沈弼作为环球公司大股东之一向包玉刚提出要求："请您对租约的可靠性作出书面保证。"

包玉刚当时很为难：会议上既有自己的朋友，也有很多竞争对手。他没法答应沈弼的要求，但是若完全拒绝，则又可能会引起不必要的误解，并且会引出更多的谣言。因此，包玉刚只好做了一个简单的声明，对所涉及的细节则一概不提。

沈弼对包玉刚的态度十分不满，会后，他专门去拜访了包玉刚，让其作出详细的解释。

此时，包玉刚已经得知日本工业银行总裁池浦喜三郎近期内会到香港访问，而只要得到此人的支持，日本轮船公司就会度过这次危机，而环球也可以避免遭受巨大的损失。

成竹在胸的包玉刚告诉沈弼："请您再忍耐几天，一定会有好消息的！"

1978年6月，池浦喜三郎到达了香港，他在一个几乎集中了香港政要、商业巨子的宴会上郑重表示："我们日本工业银行及与其有关的银行会对日本轮船公司给予强有力的支持，尤其是对其国外的债务和承租合约承担责任。"

沈弼听了，不由向包玉刚送来赞佩的目光。池浦喜三郎稍后又向香港媒介做了相同内容的保证。

有了这个保证，环球航运和包玉刚终于顺利地度过了危机。

沈弼的态度，预示着双方的合作失去了相互信任这个基础。包玉刚是个聪明人，看出了沈弼以后不会再与环球航运公司合作，当然也不会发放贷款给环球航运公司来支持其发展。

经过这件事之后，包玉刚更加确认了航运业已开始走向下坡路，进行战略转移的决心更大了。

首先，包玉刚想到的就是减少船的数量。包玉刚第一步就是卖掉大部分油轮，他以让所有人吃惊的低价把该卖的大部分船都出手了。而这也被那些仍然看好航运市场的船主讥笑为"发财昏了头"。

卖掉了部分油轮之后，包玉刚又着手为环球集团第一家上市公司东亚航海公司及其船队报价。之后的四五年中，包玉刚卖掉了其中大半的船只。

包玉刚的做法是十分具有前瞻性的，当20世纪70年代末至80年代，世界航运业的大萧条像飓风海啸般袭来时，包玉刚已把他的船队稳稳地开进了"避风港"！

1985年是世界航运业遭受灾难的一年，那一年全世界共减少了1785艘船，总排水量达1775万吨。

事后，汇丰银行主席威廉对包玉刚此举大加称赞，他说："包氏的这一举动让人十分吃惊，一年内，他卖掉了很多船只，减少了贷款的数目。在别人还在买进时，他没有乘机要价。那段时间他十分冷静，这正是他成功的原因。

"如果他把自己的想法告诉别人，别人会踏着他的履迹去走。他是怎么知道何时该把船只卖掉的呢？他四处旅行，打探和收集各种各样的信息，结果他就得出了见好就收的结论。他是这场'船灾'中受害最轻的一位。"

登陆首战投资股票

20世纪80年代,包玉刚已经逐步将麾下船队从过去的200艘削减为96艘。人们不由得纷纷猜测,船队大大"缩水"的船王,接下来又将何去何从?过去在海上纵横驰骋、翻云覆雨的"蛟龙",能否在陆地上也独霸一方呢?

1978年夏季的一天,包玉刚上午办完事,下午正在家里休息,这时电话铃突然响了起来。

包玉刚拿起电话:"喂,您好,我是包玉刚。"

里面传出一个声音:"您好,包先生,我是李嘉诚啊!我有件生意上的要紧事,想跟您谈一下。"

包玉刚大吃一惊。

李嘉诚当时是香港地产界的骄子,位列香港十大财团的榜首,开始他是靠房地产和炒股票发家的,是香港有名的风云人物,论经济实力和名望,他都比包玉刚稍胜一筹。由于包玉刚多年从事航运业,与李嘉诚虽然都住在港岛南区的深水湾,但也仅限于见面时打个招呼、没事时通通电话而已,却从未有过生意上的来往。

今天，听到李嘉诚这么一说，包玉刚在吃惊之余，也同时想到，这是否对自己的转型登陆有帮助，于是他很关注地问："您说吧，是什么事情？"

李嘉诚直接说："这件事很要紧，是关于九龙仓的，您感兴趣吗？"

香港的九龙仓，并不是一个仓库，而是香港最大的码头，它一直由香港四大财团之一的怡和洋行所控制。

九龙仓有限公司是怡和系的旗舰公司，也是一个上市公司，九龙仓集团还控制着一笔巨大而广泛的陆地资产，包括九龙、尖沙咀、新界和香港岛上的一些深水码头、露天货场、货运仓库、集装箱转运站、酒店、大厦、有轨电车及天星小轮。可以说，谁掌握了九龙仓，谁就掌握了香港的大部分货物的装运业务，九龙仓也自然成为各大财团的必争之地。

俗话说："人怕出名猪怕壮。"九龙仓股票美好的前景，地理的重要，使九龙仓像一朵洋溢着香味的鲜花，令人为之瞩目，像一块肥肉，令人为之垂涎。受到了多少人的觊觎，受到多少人的垂青？

拥有九龙仓的怡和洋行，是一个历史悠久、实力雄厚的英资集团。它盘踞香港已有一个半世纪，与汇丰银行、太古集团和会德丰三家英资集团并称为香港四大洋行。而怡和的总经理同时又兼任九龙仓主席，可见九龙仓在怡和举足轻重的地位。

包玉刚在初步打算离海登陆时就了解到：20世纪80年代初期，怡和的物业实力很强。当时，怡和洋行仗着财大气粗，一向自高自大，不把华资财团放在眼里。随着华资财团的迅速崛起，英资和华资的争斗日趋激烈，大家不约而同都把目光转向九龙仓这一香港最大的码头，英资集团当然不会把已到手的好处让出，华资财团则虎视眈眈，伺机而动。

　　包玉刚意识到，李嘉诚现在正集中精力要将和记黄埔从英国人手中收购过来，对于九龙仓这一令人垂涎的肥肉，李嘉诚可以说是心有余而力不足吧！

　　想到这里，包玉刚马上说："好的，我们稍后到太子行详谈吧！"

　　随即，两个人秘密来到了包玉刚位于太子行的办公室里，详谈起来。

　　两个人见面之后，没有过多的客套，李嘉诚直入正题："包先生，我手头上持有九龙仓20%的股票，一共有2000万股，我想转让给您，不知道您有没有兴趣？"

　　原来，李嘉诚通过手下的一批智囊得到消息，20世纪70年代后期，怡和洋行动用大量资本，在香港兴建楼宇用于出租，导致资金流通缓慢，而且利润相当低，于是，怡和的决策层想出了出售大量债券的办法，不料问题没有解决，却反而使自身负债累累，信誉大跌，股票市值大幅下滑。导致的结果是怡和虽然是九龙仓股份有限公司的最大东家，但实际占有的股权还不到20%，也就是说倘若有谁占据20%的股份，就可以与怡和公开竞购九龙仓。

　　换言之，只要不动声色地买到九龙仓20%的股票，就可以与怡和洋行进行公开竞购！

　　另外，如果公开竞购，在价格相同的情况下，持股的香港人会愿意卖给华资集团，这是英资集团所没有的优势。

　　李嘉诚是靠地产和股票起家的，对此他心里亮堂着呢！他私下里算过一笔账：当时九龙仓发行的股份不到1亿股，每股面值仅10港元，也就是说，九龙仓股票市值总额不过10亿港元；九龙仓拥有物业的尖沙咀是香港最繁华的地区之一，光是九龙仓所拥有的地皮，其价值就远远超过了九龙仓股份有限公司上市股票的价值。

精于房地产生意的李嘉诚心中明白，即使九龙仓的股票价格再上升5倍，买入九龙仓股票仍是合算的。基于这种考虑，李嘉诚买下了九龙仓的2000万股股票。

在拥有九龙仓股份有限公司的2000万股股票后，李嘉诚审时度势，深知以自己一个人的力量同时与拥有和记黄埔的和记洋行和拥有九龙仓的怡和洋行抗衡，那是远远不够的。经过一番权衡利弊后，他作出决定，把手中所拥有的九龙仓股票以比买入高得多的价钱抛出，以此积聚资本，集中力量将和记黄埔纳入自己的控制之下。

他选择了包玉刚作为抛出九龙仓股票的对象。

包玉刚当时想到的，却只是买下九龙仓的股票是否对自己有利：九龙仓是一家已有百年历史的英资洋行，又是一家实力雄厚、有发展潜力的财团，它名下有一些价值不菲的仓库、码头、酒店等。购买股票比直接投资其他生意来得干净利落。购买九龙仓股票，无疑是把自己庞大的资产转移到陆地上的一个好机会。

包玉刚低头稍加思索，便悟出了李嘉诚的精明之处。李嘉诚很清楚包玉刚的情况，知道他需要什么，于是，用包玉刚所需要的来换取自己所需要的，这一转让，可真是一下便宜两家的好事。

包玉刚问李嘉诚："李先生，我很有兴趣把您的九龙仓股票买下来，价格怎样？"

李嘉诚见包玉刚同意了，他随即开出了一个价位：3亿港元多一点。

包玉刚二话不说，当即拍板同意了。

包玉刚一下子从李嘉诚手中接受了九龙仓的 2000 万股股票，再加上他原来所拥有的部分股票，他已经可以与怡和洋行进行公开竞购，如果收购成功，他就可以稳稳地控制资产雄厚的九龙仓。

而从李嘉诚这一方面来说，他以 10—30 港元的市价买入九龙仓股票而以 30 余港元脱手给包玉刚，一下子就获利数千万港元。更为重要的是，他可以通过包玉刚搭桥，从汇丰银行那里承接和记黄埔的股票 9000 万股，一旦达到目的，和记黄埔的董事会主席则非李嘉诚莫属。

包玉刚在心里不禁暗暗佩服这位比自己小，但精明过人的香港地产界新贵："这真是只有李嘉诚这样的脑袋才想得出来的'绝招'！"

没有太多的解释，没有冗长的说明，更没有喋喋不休的讨价还价，两个同样精明的人一拍即合，秘密地订下了一个同样精明的协议。

晚上 21 时左右，这宗交易即告达成。

打响九龙仓收购战

包玉刚从李嘉诚手中接过 2000 万股九龙仓股票之后,他手中的九龙仓股权大增,可以说他已打好了基础,已经有能力向怡和洋行发动挑战了。

包玉刚选择九龙仓作为登陆后的主要袭击对象,是有着深刻的原因的。

首先,控制着九龙仓行政大权的置地公司,虽然实力雄厚,背后更有财大气粗的怡和洋行撑腰,其气焰可说是嚣张至极,但是,它却有一个致命的弱点——实际拥有九龙仓的股份只有 20%。一般来说,上市公司的股权若小于 35%,则容易被人乘虚而入。

在香港,一直流传着"未有香港,先有怡和""怡和的面子,太古的银纸"之说,这些英资洋行高傲狂妄的程度,由此可见一斑。这也使怡和这个老牌英资洋行太傲慢,察觉不到自己岌岌可危的处境,让它们更没有料到的是,它们向来看不起的华资财团也会来"觊觎"九龙仓这块禁地。

包玉刚搞了 20 多年航运,对码头的重要性有切身体会:自己投身航运 20 多年，纵横四海，很早就想由自己拥有储运业务的仓库，却一直苦于没有自己的码头，长期以来，他庞大的船队由于没有地盘和仓库，在香港的业务都要租用九龙仓的仓库，其费用十分昂贵。等生意做成了，很大一部分利润却都被九龙仓盘剥而去，对此，他又怎能甘心？总是使用别人的码头和仓库，颇有寄人篱下之感。因此，他对拥有自己码头的重要性的感受比谁都深切。

他要达到目标，最佳方法当然就是能够拥有足够的股份来控制九龙仓的行政大权了。他也确实早就盯上了九龙仓，而且也买下了不少股票，但尚未达到与怡和竞购的份额，现在有此"空当"，岂能无所作为，让到了眼前的良机白白溜走？

除了这两个原因，还有一个别人不易看到的有利条件。那就是，怡和洋行在香港的声誉不太好，在它控制九龙仓的时候，采取高额盘剥的政策，致使港英当局对它也甚感不满，曾对它发出过警告，如果有华资出面与它争夺九龙仓，在相同的条件下，在港的华人决不会袖手旁观的，他们肯定会偏向华资一方。这一点，对于包玉刚来说，是十分重要的。

基于这三方面的考虑，加上从李嘉诚那里接过 2000 万股九龙仓股票，包玉刚心里踏实了许多。但是，办事谨慎的包玉刚并没有向新闻界透露任何风声，以至于外界一直蒙在鼓里，而包玉刚则不动声色，继续加紧收购九龙仓股票。

包玉刚虽知道要间接与汇丰银行交手，但他仍然是毫无畏惧，凭着他和海外众多国家首脑的关系，在有限的时间筹集丰厚的资金与汇丰银行决一雌雄还是蛮有把握的。

包玉刚首先采取逐个击破的办法，暗中去调查持有九龙仓股票的散户，然后找上门去与之交涉，绝大部分人一见包玉刚亲自上门，出于对包氏的尊敬，很热情地把九龙仓股票全部转让给包玉刚。

对于包、李两人的暗中交易，怡和洋行并不知情。早些时候，怡和洋行见李嘉诚收购股票，也紧张了一阵子。后来见李嘉诚停手不干由包玉刚接手购买，便松了一口气，以为自己的控制地位已可保无虞了。

然而他们实在太大意了，他们万万没有料到，包玉刚仅用了80多天的时间，就买入了1000万股股票，加上原来持有的股票数目，他已控制了30%的九龙仓股权，大大超过了怡和洋行的代表置地公司了。

置地公司是怡和财团属下的另一个主力，是香港的地产大鳄，与九龙仓并称为"怡和双翼"。置地公司此时对外公布，自己购入怡和证券所控有的九龙仓股份，且目前持有九龙仓股份已上升至20%。这个份额与包玉刚十分接近。

1979年年初，九龙仓董事会邀请已经成为最大股东的包玉刚加入，于是，包玉刚与二女婿吴光正堂堂正正地当起了九龙仓的董事。

控制九龙仓的怡和集团明显地感到了来自包玉刚家族的威胁。他们岂能善罢甘休？怡和主席纽璧坚身兼九龙仓董事会主席，对包玉刚和吴光正这两位新任董事一直抱有敌意，双方不时发生摩擦。

1980年年初，包玉刚向董事会提出，环球公司在九龙仓董事会中的席位应增至4席。这时，纽璧坚表示坚决反对，同时他提出由置地公司的行政总裁贝德福特加入九龙仓董事会并出任行政主管。

包玉刚与纽璧坚针锋相对，各执己见。

双方最后在董事会协商下达成妥协——环球集团争取到两个席

位,贝德福特也顺利进入九龙仓。

这时,为了能够稳稳当当地控制九龙仓,包玉刚又采取了另一个更加稳健的方法,他先将自己名下所拥有的九龙仓股票,以每股55港元的价钱转让给他控制下的隆丰国际,比市面价还要高出几港元,其意图十分明显:隆丰国际愿意以55港元或更高的价钱买入九龙仓的股票,目标就是要掌握九龙仓股权的50%以上,以赢得不受挑战的控制地位。

包玉刚把九龙仓的股票转让给他自己控制下的隆丰国际有限公司,可以说是攻守兼利的一个高招,也是他稳健作风的又一次体现。因为隆丰国际有限公司乃是包氏财团属下的一个上市公司,所谓的股权转让,实际上是名转实不转,如果收购失利,最多是赔掉一个隆丰国际,就可以推掉全部法律责任而不会对包氏财团产生致命的打击。但如果收购成功,就可以得到整个九龙仓!

直至这时,怡和和置地这两只自视聪明的"兔子"才如梦初醒,却发现"乌龟"已走得很远,遥遥领先了。

经过一番周密的部署,怡和、置地决定收复"失地",以庞大的资本后盾,进行反收购。

就在这时,不知出于什么动机,怡和公司突然约见包玉刚,说是想"谈谈"。于是双方代表进行了一次"谈判":一方是包玉刚和吴光正;另一方是纽璧坚和贝德福特。

谈判一开始,纽璧坚就单刀直入,要求包玉刚出让手中所持的九龙仓股份。

包玉刚镇定地问:"那有什么条件吗?"

纽璧坚回答:"条件是用置地公司物业来交换。"

置地公司有许多物业位于香港的黄金地段,其中光是中环一带的几幢大厦，已是令无数地产商垂涎的肥肉。

包玉刚意识到对方也没有必胜的把握，于是采取乘虚而入的办法，当即表示："那我就选金门大厦、太古大厦和太子行。"

纽璧坚大吃一惊：这几座大厦都位于有"地王之王"之称的港岛中区，价值极高。包玉刚这个条件无异于狮子大开口，他当然舍不得。

纽璧坚表示："不行，只能以金门大厦、尖沙咀的星光行和半山区的一部分住宅作为交换条件。"

包玉刚毫不让步。

最后双方不欢而散。

在这以后的一段时间里，包玉刚与纽璧坚的争斗趋于激烈，以致在召开九龙仓董事局会议时，气氛紧张到要记下各人的谈吐和举止。

斗智斗勇周密安排

1980年6月,包玉刚有一段较长时间的环球旅行。他要先赴法国巴黎,作为国际油轮协会的主席,参加该协会在那里举行的会议。

接着,包玉刚要到德国的法兰克福,参加一个银行界的重要会议。再从那里到伦敦,时间恰好是中国的端午节,那里的华人将举行一个规模盛大的"龙舟会",他要去捧场,并且他还约好了英国石油公司董事长彼特·沃尔特,准备打一场高尔夫球赛。

最后的安排则是飞越大西洋,到中美洲会见墨西哥总统何塞·洛佩斯·波蒂略。

这次行程起码需要10天。

包玉刚临行前,九龙仓召开年会,会上,纽璧坚要求包玉刚告知近期的旅行计划。包玉刚便如实介绍了他近期的行程安排。包玉刚一口气说完这些安排,抬起头,却发现纽璧坚正盯着自己,面上露出一丝奇怪的笑容,眼神也是怪怪的。

6月,盛夏的巴黎迷人极了,每一个角落都散发着浪漫的气息。

那高耸入云的埃菲尔铁塔,那雄伟壮观的凯旋门,那充满诗情画意的塞纳河,还有那热情似火的巴黎女郎……这个如梦如画的城市,每天吸引着成千上万的游客、商旅流连忘返、如痴如醉。

包玉刚却无心欣赏那旖旎风光和城市风情。他这次来巴黎,是参加一个油轮船东会议,然后还有很多安排。这次出访,行程安排蛮紧的,加上离开香港后,包玉刚似乎预感到在他走了之后,会有事情发生。

行程虽然紧凑,包玉刚仍然抽出时间进行他的例行运动——跳绳。包玉刚喜欢跳绳,这是众所周知的,无论到哪里,他都随身带着一条绳,每天都要抽空跳几百下。

这天清晨,包玉刚正在寓所里跳绳。他一气跳到300下,便停了下来,很自然地想起香港有可能发生的事,想起九龙仓年会上纽璧坚的奇怪眼神……

"为什么会有这种预感?"包玉刚问自己,"难道是自己向九龙仓董事会主席纽璧坚道别时,他那奇怪的笑容使我觉得不安吗?"

"这个纽璧坚,也忒小气了。"包玉刚在心里暗暗骂了一句,但转念一想:"如果当初纽璧坚答应我的交换条件,我是否会把九龙仓的股权让给他呢?"

"没准会哩!"包玉刚自言自语道,"得到一幢中区名厦,作为我登陆的第一步,这是我多年来的想法。我最希望得到太子行,可惜纽璧坚死活不放,其他的我却兴趣不大。也罢,不给倒好,我可以一心一意进行收购了。"

包玉刚拿过毛巾,擦了擦脸上的汗水,然后放松一下手脚,准备休息一下就去游泳。

就在这时,房间里响起了急促的电话铃声,包玉刚下意识看看表，才6时多，谁这么早来电话呢？他拿起听筒。

"喂，爸爸吗？我是光正。"电话那边传来二女婿焦急的声音："爸，纽璧坚他们趁您不在，开始行动啦！怡和洋行已宣布出巨资收购九龙仓股票，您赶快回香港吧！"

果然，纽璧坚就是要趁包玉刚环球旅行的机会，发动雷霆一击，收复"失地"，让包玉刚也尝尝晕头转向的滋味！

当包玉刚乘飞机离开香港的时候，他们便以迅雷不及掩耳之势，发动了酝酿已久的"九龙仓股票反购战"。

纽璧坚的第一步棋是股票的占有份额，他把怡和财团增购的份额确定在49%。这样，一来可以回避50%全面收购的临界点，让自己立于进可攻、退可守的不败之地；二来又可以令包玉刚陷入进退两难之地——如果不跟进，就得认输；如果要跟进，持股量必须超过49%，而突破了50%的临界点，便属于全面收购，这样就需要牵动近百亿港元资金，任谁也吃不消。这看起来似乎倒是一个"一箭双雕"的"妙招"！

纽璧坚把他的第二步棋锁定在价格上，当时，包玉刚已经把九龙仓股价抬高至每股55港元，怡和财团要想实现成功收购，就必须高于这个价格。在纽璧坚的安排下，怡和拟订了一份广告认购书，内容是怡和愿以12.2港元的置地股票，外加一张面值75.6港元的抵押债券，合计共100港元的代价，换购九龙仓股票，并把这份广告认购书复制数份送至香港各大权威媒体，要求其在主要版面上同时公布于众。这样怡和一下子把九龙仓股票的价格提高了近一倍，其升幅之大，为股市历史所罕见。

看来怡和已经不惜血本，誓与包玉刚决一死战。而包玉刚如果要应战，也必须要押上全部的身家性命，可是包玉刚能拿得出这么多的钱吗？最后一步棋，也是最厉害的，那就是时间。

怡和抓住包玉刚离港的时机，搞突然袭击，想攻其不备，使其鞭长莫及，又在周五向媒体及时发出反购消息，并授意媒体在周六一早对外公布，紧接着把收购计划告知九龙仓董事局成员，这其中就包括包玉刚的女婿吴光正，其目的在于"特意"委托吴光正转告远在欧洲的包玉刚。而此时交易所已经收市，谁也无能为力了。

接下来是周六、周日的休市日，即使包玉刚没有离开香港，想必也不可能在这两天里筹集到巨额资金来收购股票。

包玉刚这次出访，不知是因为行程紧，每处停留的时间短，还是想考验一下吴光正的应变能力，他没有留下联络的方法。换言之，吴光正要找包玉刚无异于大海捞针。

怡和财团不愧为盘踞香港100多年的身经百战的商场老手，这次反击如此突然、如此迅速、如此周密，简直是雷霆一击。然而，他们却忽视了自己的对手是大名鼎鼎的包玉刚，他们太低估这位船王的智慧和能量了！

吴光正当时34岁，加入包氏集团时间不长，经验方面自然比不上纽璧坚，但他却镇定稳重。在这紧要关头，吴光正没有慌乱，没有不知所措，而是冷静地分析了对方的情况，并通过找相关人士，迂回曲折，终于找到包玉刚，第一时间打电话告诉了他。

接到女婿打来的越洋电话，包玉刚沉吟了片刻："哼，纽璧坚这只老狐狸终于等到机会出动了！"

接着，包玉刚冷静地分析了双方的利弊，然后包玉刚问吴光正："光正，你对这件事怎么看？"

吴光正回答说："置地把收购目标定在49%九龙仓股权，无非是想逼使我们进行全面收购。但我们若中计，则需动用过百亿港元资金，目前我们确实没有这个能力。唯一有利的是，现在对方只有20%的股权，而我们手中则有30%。"

包玉刚问："如果我们把收购目标也定在49%呢？"

吴光正明白了："那么我们就只需再收购19%就行了。但还有一个前提是，我们必须开出比怡和更优厚的收购条件。"

包玉刚追问吴光正："你认为什么是更优厚的条件？"

吴光正答道："那……现金收购是唯一的办法。可是，我们现在仅大约有5亿港元的现金，如要实施这个计划，必须在星期一之前筹到至少15亿港元的现金。"

包玉刚吩咐吴光正在香港做好一切准备，接着，他与正在伦敦的汇丰银行总经理沈弼和副董事长博伊电话约定，第二天上午共进工作早餐。

然后，他再一一致电此次欧洲之行要会面的政界和商界朋友，对自己不能赴约表示道歉。

一切安排妥当，包玉刚立即起程，前往伦敦会晤"财神爷"——汇丰银行总经理沈弼。

当包玉刚和沈弼、博伊落座之后，包玉刚就向两人原原本本把香港发生的事情说了一遍，并向其提出15亿港元现金的借款。

多年来，包玉刚一直保持着良好的银行信誉，而且包玉刚长期以来一直是汇丰银行的合作伙伴，他的事汇丰当然不能坐视不理。

因此，沈弼当场拍板："OK，没有问题！"

事后沈弼对博伊说："包玉刚良好的信用是他的另一笔重要财富，只要你借钱给他，他就一定能还钱，绝不会拖三拉四。这点我很放心。"

一向办事谨慎的包玉刚，随后又联系了其他几家金融机构，他们也都给包玉刚送上了"定心丸"。

资金已落实，包玉刚立即通知吴光正，马上联系律师和财务顾问，商量收购方案。再替他订购两张苏黎世飞往香港的连位头等舱机票。他自己则向英航订了一张飞往瑞士苏黎世的机票。

包玉刚知道，如果从伦敦直飞香港，肯定逃不过怡和的耳目，会引起他们的警惕。所以，他决定"声东击西"，假装着按计划行事，等到了苏黎世，再悄悄地转乘吴光正预订的班机。

在去苏黎世之前，包玉刚还要抽空去见一见住在伦敦的怡和集团总裁凯瑟克。

早在股东大会之前，凯瑟克获知包玉刚要到欧洲旅行，就约好包玉刚来伦敦见见面。包玉刚一到伦敦，就直奔凯瑟克的私宅。

凯瑟克早就等在门前了，见到包玉刚，他张开双手表示热烈欢迎。

包玉刚心里好笑："看这个英国佬那得意的样子，可能已经认为这次阴谋得逞了。"

进到屋内落座之后，包玉刚试探地问凯瑟克："凯瑟克先生，听说置地要出100港元一股购九龙仓的股票，是真的吗？"

凯瑟克故作惊讶地说："噢，包先生可真是神眼通天啊！是真的，置地已经递交了收购建议，下周一就会公布了。"

包玉刚不以为然地问："你这么确定？"

凯瑟克这时表现出英国人的傲慢："那是当然了，我们英国人从不打无把握之仗。包先生，我劝你还是赶快抛出你手中的股票吧，这样还能赚一大笔呢！"

说着，凯瑟克还把自己的电话号码写在纸上递给包玉刚："包先生，这是我的私人专用电话，你决定好了就马上告诉我吧！"

看着凯瑟克那副根本没把自己放在眼中的神情,包玉刚心里恨得直咬牙,但表面上他仍相当平静,不动声色地向凯瑟克告辞。

凯瑟克送至门口,随口问道:"包先生接下来要去哪里旅行呢?"

包玉刚轻松地回答:"中美洲。我约了墨西哥总统明天共进晚餐。"

当62岁的包玉刚登上返港的飞机时,已经整整20个小时没有合眼了。飞机一下拉高,包玉刚的身体不自觉地向后一仰,他自言自语道:"难道这就是所谓'兵不厌诈''兵贵神速',还真的应了那句老话——商场如战场!英资势力一直雄霸香港,怡和洋行气焰嚣张至极,我就不相信不能撼它一撼!"

世纪收购大获全胜

星期日上午9时,包玉刚飞抵香港启德机场,他走出飞机,灿烂的阳光映在脸上,不由精神为之一振。吴光正悄悄地把包玉刚接到他平时很少去的希尔顿酒店,他对包玉刚说:"爸,您先休息一下吧!"

包玉刚点点头,径直向酒店的游泳池走去,边走边回过头来说:"我要游一会儿泳,吃过午饭再商量收购事宜。"

吴光正答应一声走了出去。包玉刚叹道:"已经一天一夜没有游泳了,总觉得不舒服。游泳可是人生最大的享受和休息啊!"

然后,包玉刚独自在游泳池中畅泳。在游泳时,他既可以什么都不想,又能冷静地思索、分析当前形势,考虑对策。

包玉刚一个人在泳池中待了一段时间之后,便跳上岸,他看上去像一台充足了电的机器,精力充沛。

用过午饭,下午15时,包玉刚与两个女婿准时到达希尔顿酒店的一个套房,作为反攻的临时总指挥部。

这时,包氏集团的律师与财务顾问都在等候。这次反收购行动,包玉刚请来的财务顾问是获多利财务公司,这是汇丰银行属下的一家全资附属机构,在香港是一个知名度颇高的财务公司。

财务顾问认为:"怡和提出的所谓100港元收购一股,是用股票和债券作交换,不能马上见到实惠。而我们出现金,即使报价90港元,也有成功的把握。"

但是包玉刚却说:"这次反收购,我要的是百分百的成功,要的是速战速决,我们出一个什么价钱,才能让怡和完全没有反收购的机会!"

财务顾问说:"如果我们出价每股105港元,那么对手绝对无法还击!"

在场的人都神情严肃地看着包玉刚,105港元与90港元相差15港元,即收购2000万股,需多付出3亿港元。在1980年,3亿港元可以说是一个天文数字。包玉刚说:"该出手时就要出手,虽然这样做要多付出3亿港元。但这是根据对手的底牌确定的,可以稳操胜券。105港元一股,就这样定了!"

当天晚上,包玉刚召开了记者招待会。宣布以个人和家族的名义,开出105港元一股的高价,现金收购九龙仓股票2000万股,把所持股份提高至49%!收购期限只在周一、周二两天,但不买入怡和及置地手上的九龙仓股份。同时,包玉刚也在各大报纸上刊登大幅广告,宣布这场气势恢宏的反收购行动的开始。

怡和洋行满心以为包玉刚正在墨西哥吃晚饭,谁知对手早已部署了精密的反攻计划。不过,怡和对包玉刚的公告将信将疑,不太相信:"他要用现金收购?如果真是这样,自己必败无疑。但21亿港元现金,包玉刚能在两天之内拿得出这么多钱吗?"

尽管有些不信,但怡和也连忙做好了最坏的打算。

小股东们已经等了好几天了。一方面，是股票专家曾经发出忠告：在包玉刚作出反应之前，最好的方法是持股静观；另一方面，小股东多是华人，他们早就对置地管理九龙仓的方法不满，期望包玉刚能胜出这场较量。由于有这两个原因，置地虽发起宣传攻势好几天了，大部分小股东仍按兵不动。

星期一上午开市，包玉刚公布了他的收购方案，持有九龙仓股票的散户和小股东们被包玉刚开出来的价钱惊呆了，好一会儿才明白过来。小股东们意识到，这是一个千载难逢的机会！此时不抛，更待何时？大家奔走相告："我们终于等到包老板摊牌了，他开价又这么高，并且现金交易，这天上掉馅饼的好事哪儿找呀？赶快抛吧，过了这个村就没这个店啦！"

大批的九龙仓小股东争先恐后地挤进获多利中环办公室，因为九龙仓股票已在上周五起被停牌，不能在交易所交易，只好通过股票经纪人，由财务公司出面办理。从正式开始收购至收购结束，只用了一个多小时。怡和一时弄懂了，急忙抬升股价，但毕竟天时、地利都不如人和，人们都支持船王，纷纷向包玉刚的收购点拥来，把手中大把大把的股票转让给包玉刚。

上午9时之前，香港有史以来最大的一次收购战宣布结束。获多利报价23亿港元，吴光正当即给获多利签发了一张23亿港元的支票。怡和财团没能让包玉刚晕头转向，反而大大伤了自己的元气，最终，他们也不得不接受现实，拱手让出九龙仓。

整个收购过程如此顺利、迅速，当时有人形容说："包玉刚以迅雷不及掩耳之势，打了一场漂亮、干净利落的世纪收购战！"

这是香港有史以来最大的一场收购战，也是一场典型的"闪电战"。从正式开始至收购结束，只用了一个多小时，包玉刚就拿到了49%的九龙仓股权，一跃成为九龙仓的第一位华人主席。这一战真可谓是势如破竹、干净利索，把怡和洋行与置地公司打得绝无还手之力，更显示了包玉刚令人震撼的战斗力和非凡的魄力。

这次战役轰动了整个香江，狠狠地打击了英资财团的嚣张气焰，大长了华人志气，包玉刚在谈笑之间，调集了21亿港元的事情，也成为香港商战史上的一个传奇。

事实上，包玉刚当时收购九龙仓，可以说是轻而易举，也可以说是稳操胜券的，因为他有足够的资金来源。当时，除了汇丰银行很爽快地借15亿港元支持外，不少银行还主动提出借钱给包玉刚。

就在星期一上午展开收购时，香港美华银行给包玉刚送来一封信，说银行方面知道包玉刚可能需要资金，于是决定给包玉刚提供1亿美元的贷款，无须担保。但那时整个收购战行将结束，美华银行的那1亿美元也根本派不上用场。

包玉刚在商界的影响力和信誉由此也可见一斑。所以，包玉刚打赢这场世纪收购战，与其说是靠银行的支持，倒不如说是包玉刚以自己在世界和香港商界举足轻重的影响力和良好的商业信誉，令自己处于不败之地，并轻易地击败对手。

收购战结束之后，包玉刚以一个胜利者的姿态评论道："置地的那些对手，显然低估了我的资金来源。"

包玉刚公开向港人表示诚挚的谢意，对自己有一臂之力相助的李嘉诚，包玉刚再次拿出了实际利益表示感谢：将西环的货仓大厦交给李嘉诚设计，条件非常优惠，让李嘉诚也来分一杯羹，说明了包玉刚对人仁义厚道，树立了崇高重义的形象。

包玉刚曾说过一句耐人寻味的话："成功是因为我身后有无数朋友的支持。"这次的反收购，包玉刚共动用了23亿港元现金，其雷厉风行的作风、果断坚毅的性格和必胜的气概,给人们留下了深刻的印象。为此,他还获得了"作风海派"的评价。

对于包玉刚来说,九龙仓一役是他整个登陆行动的第一场大战,是非赢不可的。如果收购失败,不但资产损失惨重,也会极大地打击自己的登陆计划。如果胜利了,则为他的整个登陆行动抢占了第一个桥头堡,为他的海上资产向陆地转移打下坚实的基础,也是他能否逃过航运业大萧条的关键。

经过这一战,包玉刚名声大震,其策划之缜密、出价之豪气,一直被人们津津乐道,而其果断坚毅、志在必胜的王者气派,更是给人以不可磨灭的印象,树立了强大的威信。

有意思的是,一年后,置地公司和包玉刚控制下的九龙仓却又成为合作伙伴,这两家公司与长江实业等共同建立了一家地产发展公司。双方可谓"一笑泯恩仇"了!

下定决心收购会德丰

1980年，包玉刚取得了九龙仓闪电战的胜利，也宣告了船王正式登陆。

此时，包玉刚尽情施展他的"海派"作风，在航运业纵横驰骋，长袖挥舞。在巅峰时期，包玉刚拥有200艘巨型轮船，总吨位达2000万吨，雄踞世界十大船王之首。

在1980年维也纳《信使报》的一篇报道，曾这样介绍包玉刚：

> 在香港，有一位世界最大的船王。希腊人斯塔佛洛斯·尼亚哥斯，或者著名的奥纳西斯家族，都不是拥有最多船只或排水量的人，而是现年62岁的包玉刚爵士。他才是真正的船王。两百多艘商船，总计有两千万吨登记的排水量，在他的旗下航行于世界海洋之上。他的商船队，大约超过今天苏联所有的商船总数。而且包玉刚的商船队还不断在增长中。

1985年，包玉刚又一次主动出击，这次是香港四大英资财团之一的会德丰。

会德丰中文名为会德丰洋行，主要业务是航运，于1925年由英籍犹太商人乔治·马登在上海成立，1949年迁往香港，1959年老马登的儿子约翰·马登出任会德丰主席兼总经理后，会德丰大举扩张，高峰期全公司拥有附属及联营公司200多家。

包玉刚与会德丰的创始人乔治·马登早在20世纪50年代初期就认识，那时包玉刚正经营着他的"四人公司"，他与马登之间还有生意往来，为了笼络马登，包玉刚还把一幅价值不菲的中堂寿轴送给了马登。从此两个人成为莫逆之交。而到了20世纪80年代，会德丰洋行的最大股东实际上是华商张玉良。张玉良是香港大家族张祝珊家族的实际掌门人、张祝珊的四子。张家靠西药起家，发达则靠地产。张氏家族的财富已达巨富一级，但知名度甚小，鲜为外人所知。

1962年，张家第二代主要成员兴建了联邦大厦和国际大厦，1970年将这两幢大厦售给联邦地产公司，获得联邦地产的77%股权。借壳上市后，从1970年至1972年，陆续以联邦地产的股份，以及半山梅道、花园台等物业，换取会德丰的股份，渐渐成为会德丰洋行的最大股东。此时，会德丰主要投资于地产及航运，后来发展到保险、财务、百货、制造业及贸易，项目繁多。

其附属及联营公司分别是：夏利文发展、实福发展、连卡佛发展、联邦地产、置业信托、会德丰船务以及联合企业等。马登家族成在航运，败也在航运。从第二次世界大战至20世纪70年代，船东船商，个个赚得盆满钵满，马登父子正是借海上余威，建立起庞大的陆地综合性集团。

20世纪70年代末开始的世界性航运低潮，最初由油轮开始，马登却认为不会波及散装货轮，仍大肆扩大船队。至1983年年底，会德丰船务的船只总载重量139万吨，负债高达21.8亿港元。另外，尚须付出6.8亿港元才能完成已订造的船。

面对长期不景气的航运业，负债累累的会德丰船务公司被迫将所拥有的船贱卖，并向会德丰洋行及同系公司寻求支持。由于积极卖船，至1984年上半年，会德丰船务公司减少了负债5.6亿港元，减少资本4.68亿港元，但同时又出现了亏损6472万港元。3月份的时候，甚至传出消息说会德丰船务公司可能因债务问题而清盘。

张玉良虽不在会德丰掌权，但作为大股东，经营状况如何，直接关系到他的利益。张玉良这一时期常向约翰提建议，约翰置若罔闻。会德丰船务最困难时，约翰代表该公司，向拥有10亿港元现金的置业信托拆借9360万港元。张玉良行使大股东的权利，声称这些现金是众股东参股投资置业的，对约翰的决定进行抵制。张玉良与约翰两人由此事产生矛盾，芥蒂更深。

20世纪70年代香港出现信息危机，而部分英商对"九七香港回归"感到恐惧。老马登年事已高，家族淡出香港。无独有偶，由于家族内讧，张玉良也有心淡出香港。

张玉良已去澳大利亚打探，在那儿购物业作为将来安居发展之用。之前，包玉刚一直没有收购会德丰的意思。包玉刚对会德丰无觊觎之意，是源于中国的一句古训：朋友妻，不可欺；朋友财，不可贪。毕竟包玉刚与老马登有着30余年的交往。

1985年2月14日，平地一声春雷，会德丰收购战爆发了。收购者是过江龙——新加坡的邱德拔财团。翌日开市，恒指昂首直往上冲。

邱德拔原籍福建，早年在马来亚华侨银行当书记员。1960年与朋友一道创办马来亚银行。5年后移至新加坡发展，收购该银行新加坡的资产——以酒店业为主的5家上市公司。邱氏的财富仅次于黄廷芳家族。两人皆是名声显赫的南洋大富豪。

20世纪80年代初，黄廷芳家族进军香港，在港旗舰信和集团还跻身香港十大地产上市公司。邱德拔心痒难熬，急欲为充裕的资金寻找出路，故来港买壳上市。

年逾七旬的邱德拔绝不会鲁莽行事，他是有备而战，通过中介人与约翰·马登谈妥，购得马登家族拥有的14%会德丰股份。

原来，老马登将生意全盘交给独子约翰打理之后，约翰却无心秉承父业，而且他认为，马登家族只拥有会德丰14%的股份，在与其他股东不和的情况下，易为他人所利用，与其坐以待毙，不如以退为进，所以秘密将名下股权售给了邱德拔。

很长时期内，会德丰股票一直处于大市活跃我岿然不动的状态，属于那种"冬眠股"，所以大失所望的香港股民们都称它为"蓝灯笼"。按照中国习俗，凡有喜庆之事，必高挂大红灯笼；而只有在办丧事的时候，才挂蓝灯笼。

2月初，会德丰股价一直位于4.1港元的水平。2月8日，会德丰股价如蛰醒的长蛇，蠢动至4.5港元，市场盛传李嘉诚购得香港电灯后会一鼓作气吞并会德丰。12日升至4.9港元，14日上午更升至5.4港元。市场传说的会德丰收购战一触即发。股权易主是真，但都没往包玉刚身上猜。

2月14日下午，会德丰股票停牌，马上传出收购的确凿消息。

收购者是 FALWYN 公司，由邱德拔于前几天才在港注册。罗富齐父子（香港）公司为其财务顾问，它代表 FALWYN 提出有条件全面收购建议，FALWYN 公司将以每股现金 6 港元收购会德丰 A 股，每股 0.6 港元现金收购 B 股，收购共涉资金 19 亿港元。

会德丰第一股东张玉良见到收购建议书才如梦方醒。股份公司最起码的原则是，重大股权变更，必须征得大股东同意，更不用说需要让全体董事知道了。小马登私下与邱氏秘密交易，太不把多年的合作伙伴当人了，张玉良气不打一处来。

更何况，邱德拔入主会德丰，很可能会令原有股东的利益受损。张玉良发誓挫败马氏与邱氏的企图，情急之下，去搬援兵。

张玉良先找过李嘉诚，李嘉诚自从 1980 年斥资收购了和记黄埔之后，如日中天，而且又收购了另一英资机构香港电灯。

张玉良找到李嘉诚，把事情原委都跟李嘉诚说了，李嘉诚一口答应了，宣布动用 29 亿港元收购会德丰。但是，事后不久，李嘉诚就改变了想法，决定放弃收购会德丰，并建议张玉良去找包玉刚。

一天中午，李嘉诚打电话约包玉刚见面。两人见面之后，李嘉诚对包玉刚说："会德丰的事情您听说了吗？"

李嘉诚把张玉良的处境详细说了一下，并且对包玉刚说："一旦会德丰落入他人之后，到时再想插手就晚了。我现在正忙于其他生意，您有没有兴趣收购会德丰？"

包玉刚对约翰瞒着所有人偷偷把会德丰股权卖给邱德拔非常痛心，他认为，约翰这样做，既背叛了他父亲，也背叛了自己。因为依照包玉刚的传统观念，对于父辈留下来的产业，不但要好好保留，还要发扬光大，但约翰对父亲毕生的心血却毫不珍惜，竟然轻易拱手相让。他同老马登情同兄弟，眼见约翰如此不孝，当然气愤。而且约翰这样做事先竟然也没同自己说一声，真是太大逆不道了！

　　包玉刚觉得这也是一个很划算的投资，而且会德丰已不再是故友老马登的家业。他当即表示愿意介入其中。李嘉诚当即将张玉良约来一同商谈。张玉良转让股票之前，对包玉刚有一个要求："您如要加入收购，就要完全控制住会德丰，不要让对方有任何反收购的空隙。"包玉刚果断地说："绝对没问题。"

收购会德丰再显神威

包玉刚的介入,把收购会德丰之战推向高潮。会德丰的原有两大股东张玉良、约翰则坐山观虎斗,不过他们都把筹码压在各自的斗士上。

包玉刚自从购得九龙仓大举登陆,5年来立足港市,养精蓄锐,企图再展雄风,物色收购,扩大地盘,对会德丰早已垂青,碍于种种关系,未便发动。此次邱氏发起,真是天赐良机,包玉刚也趁机大显身手,施展自己经商的才华,很快取得了优势。

何况以本地华资迎战过江龙,人心上也占了优势,加上当年收购九龙仓,一夜调集现金23亿港元的声威,余波犹在。人们大多看好包玉刚,相信他会再度雷霆奋击,不胜不休。

包玉刚看中会德丰,主要是与九龙仓业务近似,又具发展潜质。过去不振,主要由于大股东暮气保守,又不协调配合,今后在船王雄才大略的进取作风下,与包氏旗下业务配合,相辅相成,定会再现雄风,改变原来的面貌。

15日周五复牌,会德丰股票立即被抬高,升至6.4港元,超出建议收购价。这证明有第三者入市横扫。此时，大股东张玉良的真相已大白于天下，市场的揣测多集中于张玉良身上，以为是他反收购。

16日周六股市休市，包氏家族的财务顾问获多利，代表九龙仓提出有条件地全面收购会德丰的建议：A股每股6.6港元，B股每股0.66港元，均比邱氏FALWYN的收购价高出一成，准备动用22.3亿港元现金用于收购，并声称已直接间接拥有相当于34%的会德丰股权。这批股权，显然来自张玉良。

股市休市，股民却已沸腾起来，争睹坐山虎与过江龙大战，自己也欲借两强相争猛捞一把。邱德拔挟巨资进港，自然做好了反收购的准备。

18日周一开市，就出现6.8港元的暗盘，有人估计是邱德拔暗中吸纳。会德丰停牌一天，但会德丰旗下的7家子公司却无须停牌。会德丰系的置业信托和联合企业两只股票均被炒高，因为它们持有会德丰股份。

2月19日，鼠年最后一天，这也是包玉刚提出反收购之后的第三天。罗富齐代表FALWYN将收购价提高到A股7港元、B股0.7港元，整个收购将涉及资金24.3亿港元。收购再掀高潮。

接下来就是春节，休市5天。相信包玉刚和邱德拔都没过成安稳年，他们运筹帷幄，牛年开市再战。

25日大年初六开市，包玉刚果出新招，宣布以11港元的价格收购会德丰的联合企业，溢价26%，动用资金3.22亿港元。

联合企业的相当资产是船只，当时正值航运不景气，买入有关船舶的股票只会亏本，这一点包玉刚不会不知道，但包玉刚看中的则是联合企业拥有 6.8% 的会德丰的股权。

包玉刚这样一来,既可以阻止联合企业把这部分股票卖给邱德拔,又可以增持会德丰的股票数,可谓一举两得。其时,邱德拔正在同联合企业洽谈收购,包玉刚此举等于釜底抽薪。

第二天,还没等邱德拔作出反应,包玉刚再次宣布提高收购价格。这一天,会德丰股价 A 股最高升至 7.5 港元、B 股 0.75 港元,再次出现市价高出收购价的局面,实为股市收购战之罕见。翌日,获多利代表九龙仓再一次提高收购价,A 股 7.4 港元、B 股 0.74 港元,将动用 25 亿港元现金,打破历次收购纪录。包玉刚同时宣布,九龙仓已经拥有会德丰 38% 的股权。

股市如发生里氏 12 级地震。市场等待邱德拔再提高收购价,邱德拔却没有回音。记者打电话至罗富齐刺探,不得要领。看来邱氏 FALWYN 不会再出高价,会德丰股东陆续前往九龙仓指定的经纪行售出股票。

1985 年 3 月 15 日,包玉刚的财务顾问获多利发表通告,九龙仓已拥有 50% 以上的会德丰股权,收购获得成功。

同日,罗富齐也发表声明,表示接受股权,售与九龙仓后可获利 1.1 亿港元,邱德拔得利回府,一心在南洋发展。

同日下午,会德丰董事局召开会议,选举包玉刚为主席兼总经理,原主席约翰·马登留任董事并被选为名誉主席。不久,包玉刚意气风发地进驻位于毕打街的会德丰大厦顶楼的董事长办公室,正式入主会德丰。

包玉刚的收购,是猛者的收购,显示出典型的海派作风。他一掷亿金,以实力与对手过招,更以绝对的优势压倒对方。包氏收购的代价极昂贵,是"负创取胜"。

倒不是包玉刚不善用计，而是他的性格和时势所然。他没有更多的时间与对手周旋，他不尽快买盘登陆，弄不好就会陷入世界性船灾之中。

包玉刚收购会德丰，可谓是四会合并前大型收购战的绝响。

1986年，以四会合并的联合交易所的开业，是香港股市划时代的大事。包玉刚成为继李嘉诚入主和记黄埔之后，夺得英资四大洋行的第二个香港人。

发展航空投资港龙

1985年10月，包玉刚继收购九龙仓和会德丰之后，信心大增，怀着对香港前途的美好憧憬，他决定建立自己的"铁翼雄师"，使已经在陆上站稳了脚跟的事业，再往高处发展，冲上云霄，建立空中王国。

包玉刚对集团人员说："古兵法有云，一鼓作气，再而衰，三而竭，我们既然登陆了，就应该乘胜追击。"

为此，包玉刚在航空领域搜寻机会，最后，他决定投资一家新建的航空公司——港龙航空公司。

1985年7月以前，香港一直只有一家航空公司，就是由英国财阀施怀雅父子掌握着控制性股权的，香港最大的四个英资洋行之一的太古洋行控制的国泰航空公司。

施怀雅家族是香港最著名的几位外籍超级富豪之一，从1869年便在香港创业，经过百余年的发展，施怀雅家族已把持着香港的航空、地产及船坞业的命脉，财产估计超过100亿港元。

施怀雅家族掌握着控制性股权的太古洋行，自20世纪50年代取得国泰公司的控制权后，便迅速成长壮大，在其后30年中，国泰一直垄断着香港的航空业。

20世纪80年代初，香港作为东南亚航空枢纽，异军突起，压倒了联邦德国的法兰克福，一跃而成为世界上最大运货量的空运站，它的服务网不仅遍及东南亚，还布满中东、欧美、大洋洲、非洲的几十个国家，香港的航空业成了企业巨子们眼中的一块肥肉。

因此，包玉刚在早些时候就已经有所行动，他早已投资于国泰航空，并出任董事。

1984年10月中英两国发表《中英联合声明》，其中关于航空业的说明是这样的：

> 在香港注册并以香港为主要经营地的航空公司与民用航空有关的行业可继续经营。

这是一个极具诱惑力的说明，它使被称为香港"毛纺大亨"的曹光彪也下定决心，到香港的空中分一杯羹。

中国政府原本就想在内地或香港成立一家航空公司，以刺激中国民航改进并吸收外界经验。"借新成立的航空公司刺激中国民航改进其服务"，与曹光彪发展航空业的想法不谋而合，二者一拍即合。

1985年7月，港龙航空公司宣布成立。港龙航空公司就是在以上的设想下，并在中国国务院和香港新华分社支持下，由港澳国际投资公司与曹光彪合作，在香港由曹光彪牵头筹组创办的。

然而，港龙航空从创办之初就似乎注定了要历尽磨难。

公司创立之初，曹光彪就因港龙航空公司的中国政府背景，招致英国航商及港英政府注意，立了新法，限制香港新的航空公司成立。并以港龙非英资，不符合香港法规为由，迟迟不予批准。

在这种情况下，有一位新华社香港分社负责人想到了他的一位"老友"，他就是刚刚收购完会德丰的包玉刚。

包玉刚早在 1963 年就加入了英籍，这也是为了生意上往来的方便，没想到 20 多年以后，他的这个英国国籍让他作出了一次毁誉参半的投资举措。

1985 年，包玉刚在收购会德丰大战胜利的同时，在中国内地也有着多项投资。由于与卢绪章的关系和考虑到他在香港的企业家地位，很多中国的政要一直与包玉刚过从甚密，姬鹏飞等人与包玉刚更是私甚于公的朋友。

有关人员亲自出马，请包玉刚帮忙。

包玉刚这时也正希望能在香港的航空史上写上光辉的一页，于是，他再次耗资 2 亿港元，收购了港龙航空公司 30%股权，出任港龙航空有限公司董事局主席。

这时，包玉刚连同已入英籍的曹光彪之子，两者共占港龙航空股权 50%以上，使港龙成为英资为主的航空公司。至此，港英政府才正式批准港龙成立。

包玉刚注资港龙之后，他辞掉了国泰航空董事一职，专心于港龙的发展。可惜的是，事情并非想象中那么顺利。

在香港，港龙的发展受到的限制极多。根据国际航空上达成的协议，一个国家或地区只能有一家官方航空公司。既然国泰已经代表香港，所以港龙就不能再经营正常的班机服务，那就只能承办包机服务，而且航线也不能与国泰重复。

包玉刚入主港龙后，大大提高了港龙航空公司的资本总额，公司利用包玉刚的2亿港元资金，又订购了新航机，与港府洽商开办定期班机。但是，包玉刚的希望和努力却付诸东流了。

原来，港龙作为一家包机公司，香港政府既不准他们作广告宣传，也不得直接向乘客售票，更不能在内地设立办事处，每个月还必须向港府申请一次才能继续经营。

单是这几条规定已使港龙航空的业务受到了限制，然而最要命的是，根据香港民航条例规定，包机不准在12时30分至16时起飞降落。这么一来，几乎把港龙要经营的中长距离客运线全部扼杀了。

曹光彪作为港龙牵头组建者之一，为此多次联同新闻界人士向各界呼吁，要求公正。曹光彪在报刊上发表文章说："香港政府竭力反对国际保护主义，并派人到欧美游说，要欧美开放市场，但在香港航空政策上却构筑保护主义堡垒，这岂不是莫大的讽刺？国泰既不是香港的官方公司，也没有向港府交纳专项垄断税，如此保护国泰利益，实际上是保护英国利益不遗余力，而不惜用港府政策的名义。"

包玉刚在政治上一向以和为贵，这时也忍不住了，他也发文炮轰港府："不要以为我现在只为港龙争利益，这也不仅是航空间的冲突。一条航线只准一家公司经营的政策，造成垄断而不公平，有违本港工商百业以至港府长期遵循的自由经济哲学，实在极不光彩，后患无穷！"

然而，呼吁归呼吁，国泰由于有香港航空管理条例的庇护，港龙却拿它丝毫没有办法。在香港，港龙屡屡遭受压制，几乎陷入无法生存的境地；而在内地，它同样也未能风光得起来。

港龙作为有中资介入的航空公司，本来理应能在内地大有作为,无奈,却也没有得到中国民航的支持,在内地的业务开展并不顺利。

港龙在两头不讨好的夹缝中,举步维艰,以致在成立后的几年当中,一直处于亏损经营濒临停运的状态,公司股东每年都需要注资,才得以维持其经营。包玉刚作为最大的股东,他的亏损自然也最多。

港龙的经营状况引起了国泰的注意,后来,国泰萌发了收购港龙的念头。国泰的负责人先找到包玉刚,对他说:"我有个提议,我们两家可以相互换股,这样使国泰成为港龙的控股公司,而作为交换条件,包先生您将会顺利进入国泰董事会,任副董事长。"

如果单从商业的角度考虑,这对包玉刚来说是一个极具诱惑力的建议,他不但可以甩掉港龙亏损这个包袱,而且可以堂堂正正进入国泰董事会,去圆他的空中王国之梦。

但是,因为当初是中资机构邀他入主港龙的,面临这种重大抉择之时,包玉刚想到,必须找这位"介绍人"商量商量。因此,包玉刚并未立即答应,他只对来人说:"好,让我好好考虑一下再答复你们吧!"随后,包玉刚就去找中资机构征求意见。

中资机构负责人很理解包玉刚的处境,他不便公然反对,转而建议包玉刚考虑中国民航的反应。包玉刚从政治方面考虑了好久,最终表示放弃与国泰换股的打算。

1990年,包玉刚把港龙航空董事长一职让给了女婿苏海文,苏海文正准备购买新机开辟新航线。这时,包玉刚却突然找到中资机构负责人,告诉他:"我想把港龙股份'让'给曹光彪,再转让给香港中信公司荣智健。"

中信公司是香港一家背景深厚的中资机构,早些时候,荣智健就在没有知会新华社香港分社的情况下，购买了国泰的股份，成了国泰董事。中信收购港龙后，荣智健又将包玉刚所占股连同曹光彪让出部分的股，一并转让给了国泰。国泰占大股。

从此，港龙航空的业务经营也委托国泰管理，增添飞机向国泰租用，国泰停飞内地北京、上海航线，让给港龙航行。

包玉刚全部售出港龙股份后，并没有向外界透露付出了多少代价。苏海文后来在谈及此事时说："我们的投资没有造成损失，分手也是一件好事。"

实际上，包玉刚投进港龙航空的资金，还不足他一艘大油轮的价钱，对于他而言只是个很小的数目。当他发觉介入港龙后发展阻力很大时，就有了退出的念头。后来既然荣智健介入了港龙，那包玉刚一来可以对其他人有个交代，二来也可以全身而退，可谓一举两得。

投资银行改革渣打

1986年8月,包玉刚又以迅雷不及掩耳的惊人速度,集巨资大举购入香港的发钞银行——渣打银行14.5%的股份,成为该行最大的个人股东,迫使莱斯银行收购渣打的计划宣告破灭。

渣打银行是香港历史最悠久的银行之一。1986年中,英国莱斯银行向渣打银行发起了敌意收购。虽然莱斯银行和渣打银行都是英国银行,但渣打的业务主要在亚洲,在香港又负责发行钞票,香港人已把渣打银行看成是香港自己的银行,对它有一份特别的亲切感。

渣打银行面对即将被收购的形势,保持清醒的头脑,坚决不愿被莱斯银行收购。渣打的董事长、行政总裁麦威廉认为,莱斯在海外银行业务方面没有经验及认识,对拓展海外业务并没什么见地,不可能比渣打管理得好。

而渣打方面要反收购成功,至少须有投资者购入一成以上的渣打股权才可以阻止莱斯的收购胜利。何人来救渣打银行?渣打同人望眼欲穿。面对来自英国的威胁,以包玉刚为首的商人纷纷扮演

"白骑士"，购入渣打银行股权，协助渣打抗拒莱斯银行的收购。

这场战役从当年4月打响，当时莱斯银行出价每股750便士进行收购行动，渣打银行高层强烈反对。

6月至7月，莱斯银行又两次提高收购价。而此时，渣打银行并没有就莱斯收购建议发出反对文件，也没有详细解释其反对莱斯收购的理由，这引起渣打银行原来的股东们的猜疑。在这种情形之下，渣打易主似乎已成定局。

谁知到了7月9日，伦敦证券交易所发表声明，一位新加坡富商持有渣打780万股，同时，非洲自由人寿协会有限公司的两家英国附属机构也共购入195万股。就在7月上旬的关键时刻，包玉刚突然飞往英国。

渣打坚决拒购的常务董事、行政总裁麦威廉焦急万分地候在机场，飞机一到，麦威廉迫不及待地立即与包氏在机场凌晨密谈，迅速达成协议，然后才驱车入市。

麦威廉愁眉不展的面容消失了，包玉刚奋力相助，驱散了笼罩着渣打银行的浓厚的阴云。当日，包玉刚在伦敦发表声明，宣布动用3亿美元，约合24亿港元购入渣打14.95%股权。

7月10日，渣打一项声明称：包玉刚是该行的长期合作者，已购入840万股渣打股份。11日渣打银行再次披露，包玉刚已持有渣打2325万股，占该行已发行股份的14.95%。

7月12日，收购建议的最后期限到了，莱斯银行只得到39.8%的股权接纳收购，就算加上它本身拥有的4.6%，也只有44.4%，没有获得超过50%的绝大多数，因而宣布收购失败。

包玉刚此举明显带有一种怀旧的心理。早在到香港之前，包玉刚曾有相当长的一段时间任职于银行界，1949年与父亲携数十万元到港，也曾有过开办银行的念头，只因考虑到资金不足、香港银行业竞争激烈才作罢。在他的心里，对过去的那段银行生涯始终是念念不忘的。当渣打银行遭遇困境时，包玉刚便毫不犹豫地拔刀相助。

另外，包玉刚一直与汇丰银行关系很好，包玉刚还长期担任着汇丰银行董事的职位。汇丰银行曾多次表示有意拥有一家英国商业银行，而莱斯的性质和规模都很合汇丰的口味。如果莱斯收购渣打得手后，就会做大，到时汇丰再想拿下莱斯就难上加难了。

包玉刚对这次的投资是相当看重的。为了参与渣打银行董事会，他不惜辞去了汇丰银行董事职务，避免利益上的冲突。

与包玉刚一起扮演"白骑士"的，还有当年与包玉刚争夺会德丰的新加坡大富豪邱德拔和澳大利亚富翁罗伯特。

一年前，邱德拔以过江龙身份收购会德丰，包玉刚沉着应对，最后不战而胜，邱德拔无功而返。谁知一年后，邱德拔再次卷土重来，这次却是与包玉刚携手合作，成为"白骑士"中的一位战友，果真是应了"世事难料"这句古语。

7月14日，包玉刚公开向传媒解释这次行动，他说："我之所以大量吸纳'渣打'股票，纯粹是个人投资，而且吸纳股票所动用的全是我自己腰包里的钱，我此举的目的，是基于'渣打'有长远发展的潜质，我相信，如果'渣打'能够保持它的独立性的话，将来肯定会有很好的发展。"

包玉刚收购了渣打集团14.95%的股权之后，成为"控制性股权"持有人，比集团中任何一个股东的股份还要多，后来还担任集团的副主席。包玉刚就任之初即表示："'渣打'有待改革，为了保障其利润，我会有一些实际行动。请大家相信我！"

人们为此也对包玉刚和渣打寄予了很大的希望。

在包玉刚参与投资渣打银行的那几年里，他的行动和经验对渣打银行确实产生了深远的影响。渣打的一位高级职员为此评价说："……最重要的是，包爵士的介入，他花费了约2亿英镑购买股票，拯救了渣打。"

一些渣打的核心人物还说："包爵士给渣打带来了帮助我们谨慎从事的广泛经验……及长期卓越的忠告……在接管渣打后和重组的困难时期发挥了重要的作用。"

但是，事情没有朝着人们希望的方向发展，接下来几年中，包玉刚的意见却始终未能在管理阶层中产生根本性的影响，而他增购股权的计划也没成功。后来，渣打银行又宣布实行供股集资，按包玉刚所占股权比例计算，他应供款4600多万英镑，已经有些心灰意冷的包玉刚于是决定放弃渣打的股权。

随后，包玉刚将部分股权出售，套现1085万英镑。第二年，包玉刚又以1.16亿英镑出售他剩余的渣打股份。这样一转换思路，包玉刚在经济上不但没有损失，后来他利用英镑与美元的升高兑换率获利5000多万英镑。

包玉刚先后退出"港龙航空"和"渣打银行"，完全是基于个人的原因。除了公司经营方向与自己的策略相悖之外，自20世纪80年代初起，包玉刚就感觉到身体有些问题，他不能不为自己百年归老之后家族的生意作一个妥善的安排。他必须考虑，哪些生意应该保留、发展，而哪些生意应该放弃。

尤其是到了20世纪80年代后期，包玉刚进入花甲之年，他就必须考虑后人的生存发展，并作出抉择的问题，于是，经过权衡之后，他放弃了"港龙"和"渣打"。这除了因为这两项投资获益不大以外，更主要是这两家公司的关系较为复杂，发展前景不太明朗。

包玉刚作为一个传统的中国人，这些原因不便明讲，于是换一种方式，以别的理由退出"港龙"和"渣打"。

包玉刚的"登陆"创造了又一个奇迹。至此，包玉刚的"王国"版图从海洋扩充到了陆地和天空，投资遍布世界各地，业务涉及地产、运输、酒店、通信、百货、电脑科技和传媒等领域。

包玉刚的财富也多得令人咋舌，他自己开玩笑说："我不愿意知道自己到底有多少财产，因为害怕由于不知所措而引起心脏停止跳动。"

"长风破浪会有时，直挂云帆济沧海。"唐朝大诗人李白的这句诗，是包玉刚最喜欢的，这也是包玉刚年轻时的志向，同时也是他年长时的成就。正是包玉刚身上所具备的这种"乘长风破万里浪"的精神，帮助他创立了毕生辉煌的事业。

心系祖国参政议政

包玉刚在他的财富达到了一定程度之后,也同大多数企业家一样,开始关心起政治来。本来从青少年的时候起,包玉刚就抱着一腔爱国之志,只是种种机缘,他被迫来到香港这块英国殖民地。但他对祖国一直都是心存热爱的。

由于包玉刚在国际航运中的地位,他受到各国首脑和大企业家的关注和赞赏。

英国前首相希思曾特地邀请他到别墅赴宴,详细询问他的经营方法。1981年,美国总统里根举行就职典礼时,特邀包玉刚作为贵宾参加。他的电话可直通白宫,随时可与美国总统对话。

包玉刚经常向人宣传他的一个论点是:

> 他的成功离不开香港特殊的经济环境,香港的繁荣离不开内地的支持。作为一名海外华人,只有中国强大,才能在国外感到光荣与自信。

因此，包玉刚虽然长期在海上经营他的航运王国，可他对国内风云始终关注着。

多年来，随着包玉刚的生意越做越大，他的交友范围也涉及世界各国的政治人物，可以说，有时他的影响力实际已远远超出了一般的政界人物。早在1978年，包玉刚赶往北京会见了国家领导人，从他回到香港后，包玉刚在多个场合讲话时，都谈到对香港前途的信心。

1981年5月12日，包玉刚在与父亲包兆龙去北京之前，他在香港外国记者俱乐部发表了一次讲话。一开始，包玉刚就直截了当地说："由于1997年越来越近，有关在香港投资的问题最近就不断惹起讨论。尽管中国领导人就这个问题已经有了明确的声明，但仍然有不少人关心香港的前途问题和对要求有关当局作出正式保证施加压力。我个人倾向相信，中国政府通过言谈和行动上的重复强调，已尽了很大努力，虽然在与条约有关的严格法律问题上仍然存有分歧，但那并不致影响香港现时和1997年后的实际地位。"

这段话，表达了包玉刚对香港前途的乐观，他认为："不必担忧香港前途，不必为租约问题过分忧虑……由于部分人士急欲要求看到香港问题的正式解决，我相信是可以找出一些方法去克服这些看来是棘手的，我却以为这只是表面上的分歧问题，或者由双方作出法理上的认同表示。如果可以那样做的话，当然最好不过，但我个人对两国政府最近就保持香港的现状所表示的关注和兴趣，已经非常满意。我还相信，我们实在没有理由要为一个16年后的日子过分忧虑。"

包玉刚向大家提议："请诸位最好改变一下思想习惯，接受今天的现状，不再对1997年问题无谓地担忧。这样做的话，我们就能够确保维持香港的现状,同时激发起传统上对这个地方的信心,这又可反过来帮助香港对中国提供利益,从而更能保证香港的前途。"

说到这里,包玉刚突然间心情激动起来,他放下酒杯,走到一个高台上,朗诵起了中国诗人艾青写的题为《香港》的诗句:

> 像捅开了一个蚂蚁窝,
> 一派繁忙紧张的景象;
> 众多的高层建筑,
> 重重叠叠地矗立着;
> 好像有炉火在烤灼,
> 炎热得喘不过气;
> 好像搅拌机在操作,
> 喧闹得令人不安;
> 拥挤得出奇!
> 但是,
> 在房子与房子的空隙处,
> 可以看见群山,
> 阳光照耀着山上的房子,
> 上空飞架着桥梁,
> 穿越云间的电缆,
> 把游客送上太平山,
> 而寻找欢乐的人们,
> 熙熙攘攘在海洋公园,
> 这儿原是一片海滩,

有月光下的幽静，

渔民的小船，

停泊在芦苇丛里，

忽然被选中了，

成了进攻的堡垒，

于是，像奇迹似的，

出现了这个奇异的城市……

我要赞美的，

光芒四射的，

花一般的港湾，

几百万同胞生活在这里，

工作和奋斗在这里；

你是祖国进出口的渠道；

你是货物交流的场所；

你是友好往来的纽带；

你是走向五洲四海的桥梁；

多少年来，你为祖国，

创造了难以估量的财富。

这个时候，包玉刚完全没有一点商人的样子，反而像一个充满激情的诗人和热情洋溢的演讲家。以至于在后来，有评论认为：包玉刚在判断时局和香港前景时，艾青的诗起了重要作用。

朗诵完那首感情饱满的《香港》，包玉刚接着说："这首诗给我的信心比任何其他的一些什么论文、论证的一些结论大。那么《人民日报》上发出了一些信号，香港还是有用的，对中国是非常重要的。中国离不开香港,同时香港也离不开中国,也离不开祖国。

"坦白说,我希望我们也能够以诗句为其他地方作出同样的感情流露,以表达我们对保持现状能带来好处的感受。相对来说,我会觉得这些诗句比大量的数字、专家的分析或外交上就这个问题发表的意见,更具保证的意义。

"4月8日,一家本地报章就这个问题发表了一篇社论,题为《剃刀边缘上的一个舒适座位》。它指出我们部分的成功,可能应该归功于香港的现状仍悬而未决这个事实——因为这样,我们才可以冒险和赌博,香港也就成为一个更快获利和更可取的投资地方。由于我为人谨慎,对上述的看法就不敢苟同,但我以为我也宁愿坐在一张不舒适的沙发椅上——由于不舒适因此我不会自满自得,但那张椅最低限度要够阔和够舒服,使我坐下时不致受伤,令我感到如坐在家中。"

随后,包玉刚目光变得深远,他不由向人们回顾起香港这几十年的发展历程:"我们在香港经历了很多变迁——由最初香港只是一个颇为浪漫但艰辛的帝国前哨站,之后又成为许多被迫逃来的人士暂时栖居以待逃往其他乐园的火车站。

"今日的香港已经不同了——它已经成为过去30年来流入香港数以百万计移民的一个真正家园和基地;他们的子女也愿意留下来,或者出洋留学之后,很高兴回来谋生。香港今日能够提供的就业机会,不是其他地方可以轻易媲美的。虽然我们都喜欢慨叹香港的生活质量每况愈下,但我们必须承认,作为补偿,香港又创造了更多的机会。"

抚今追昔,包玉刚又以自身的经历,来证明香港是充满前途的。他说:"尽管很多人谈及 1997 年后香港仍然会生存下去,但最能反映大众感受的,却是在香港的投资不断增加。有关这方面,我想你们其中必然有人会对我参与某些本港地产公司活动感兴趣。

"让我告诉你,我参与地产活动,并非因为我想与传统的英资洋行作对,而是像香港其他大多数人一样,我对香港的前途充满信心。控制权从一个环节转到另一个环节,或者从一个集团转到另一个集团,只是表示某些由于商业上成功带来的资金需要另寻出路。因此,假如香港的纺织、船务或者银行界收购其他地方的资产或企业,那也只不过反映了香港的经济力,以及我们已经进入了跨国企业的行列。"

最后,包玉刚条分缕析,向在座的人再次强调他对香港的坚定信念:

"我以为香港可以担当的角色,远超未来的 16 年之外,当然我们大家都要明白到自己的责任,努力去维持本港的进步、社会安定和经济繁荣。

"我相信杰出和明智的香港政府会采纳实际和自由的经济政策,并且继续了解到越来越复杂的城市居民的需要。

"我相信随着时间的过去,其他国家会越来越尽力学习香港的例子。虽然我知道导致香港成功的因素不容易全部移植,但他们起码可以学习部分香港成功的因素。因此,我相信透过在已发展国家及发展中国家的收购和参与,香港的利益可以扩展至国际,而如果有任何障碍的话,我们会尽力把它扫除。

"最后,我也深信航运自由的逻辑,甚至今天的批评者,将来最终也会接纳。"

包玉刚在外国记者俱乐部的慷慨陈词,使中国共产党高层对他另眼相看，从那时起，中国共产党高层与包玉刚之间就有了更密切接触。

包玉刚是海外华侨华人和港澳同胞中获国家领导人接见次数最多的人士。他和国家领导人不仅接触频繁，而且相交甚深，成为挚友。

在香港会德丰大厦 18 层，环球集团总部包玉刚的会客室，在整个一面墙上，主人与各国政要会见的大幅照片分外瞩目。

很多人对包玉刚与世界上这么多的大人物成为好朋友感到羡慕和费解。

在一次接受记者采访时，包玉刚一语道破天机："你和大人物接触，人家的情形你要了解，谈的时候，就可以有话题。当然，自己不能卑下；也不能太轻浮，令人讨厌。这样的原则，我相信是对的。而最要紧的，是把自己的立场弄清楚，一切有分寸，别人自然就会对你客气了。"

为香港回归出钱出力

包玉刚为了香港的明天，为了祖国的建设，不惜出钱出力，并乐此不疲，他说："古人云：'穷则独善其身，达则兼济天下。'我所有的一切，都是为了这种信念而活。为了香港，为了祖国，我义不容辞！"

由于包玉刚在香港社会的重要地位和他与英国方面的良好关系，中国政府十分重视他在香港回归中的作用，包玉刚的频频来访成了中国政府了解香港情况和外界信息的一条重要途径。

包玉刚与时任英国首相——"铁娘子"撒切尔夫人也保持着良好的关系，每次到伦敦期间，都会与这位铁娘子共进午餐及会谈。

当年，撒切尔夫人还没当首相时，包玉刚便已经和她的先生是高尔夫球场上结识的好朋友，只要去英国，他们总会相约见面；而在撒切尔夫人当选首相后，包玉刚也无须通过外交途径，就可以直接拜访首相夫妇。

有一次，包玉刚带着自己的大女儿陪庆去见撒切尔夫人。包玉刚带了一盒礼物,对撒切尔夫人说:"夫人,我送给你一份圣诞节的礼物。"

撒切尔夫人说:"不,不!我们做官的是不可以接受礼物的。"

包玉刚神秘地说:"夫人,您先不要拒绝,您打开,打开看看这是什么。"

撒切尔夫人打开盒子,发现里面原来是一条普通的跳绳。

撒切尔夫人好奇地问包玉刚为什么会送自己这样一个特别的礼物。

包玉刚说:"送给您绳子,是希望您每天都能锻炼身体。因为我每天早上都会跳绳,而且,跳绳是一项非常好的运动,尤其是用这种绳子跳,您可以跳得很快。"

他这么一解释,撒切尔夫人笑了。

看到这位尊贵的夫人笑了,包玉刚这才说出了自己要送的真正的圣诞礼物。他说:"我今天真正的圣诞礼物是向英国的'哈兰德与沃尔夫船厂'订了一条轮船,已经谈妥签约。一年后,请您主持下水仪式,为它命名,祝福此船。"

当时的包玉刚素有航运界风向标之称。其他船东一旦得知他在英国造船厂订了船,就会纷纷效仿,从而带动已经僵化的英国造船业。不过包玉刚也直言:"订这条船,完全是为了首相您呀!我手里拿着英国护照,也有一份责任。但首相您要明白,这是我做的唯一一笔亏本生意,船只造价的确比在日本高,时间又长,等于少做了12个月的生意呢。"

撒切尔夫人又高兴又感动,欣然同意主持这艘船的下水仪式,而此时,包玉刚又说话了:"首相,另外有一个条件,我同时也在上海订了一条同类的船,请首相您明年主持英国的船下水之后,就到中国去主持那条姐妹船的下水仪式。"

其中,包玉刚是想这位首相能去上海,从一个非官方的角度来认识中国,来看中国那个时候改革开放的前途在哪里,潜力在哪里。

此后,包玉刚还曾拜托美国总统里根,请他转赠撒切尔夫人一幅自己的书法,写的是"柳暗花明又一村"。

就这样,包玉刚同时被中英两个政府所看重,不可避免地成为"和事佬"。包玉刚以爱国爱港的立场积极参与中英关于香港问题的谈判,于是,他经常奔波于北京、伦敦和香港之间,与各方频繁接触、联络,表现出极大的热情。与两国领导人均有良好关系的包玉刚奔走于中英之间,穿针引线,传递信息,起到了他人力所难及的作用。香港基本法起草委员会委员邬维庸就曾说过:"中国、英国、香港三方关系以往一波三折,包玉刚是缓冲及中介角色,发挥了影响力。一句话起的作用往往超过10个人的意见。"

当时,许多人纷纷将资金外撤,逃离香港。作为香港举足轻重的人物,包玉刚在记者招待会上的一番话,表明他对香港的巨大信心,他表示会变卖船只投资香港本土,在香港引起巨大震动。

在中英联合声明签署的过程中以及两国政府为香港问题进行的接触中,包玉刚扮演了一个鲜为人知的重要角色。

中英联合声明签署之前,中英双方曾数次举行高峰会议,讨论香港前途问题。其间,包玉刚应邀出任顾问一职。

当中英就香港回归问题的谈判一度陷入僵局的时候,包玉刚多次出面斡旋,他邀请撒切尔夫人以非官方形式访问上海,并且参观停泊在上海的船舶"世谊号",这次事件使谈判出现了转机。

1982年9月,英国首相撒切尔夫人访华后,中英开始了关于香港问题的谈判。此后,不少港人曾一度为所谓的"前途问题"困扰,包玉刚却凭着对中国领导人的高度信赖,对香港前途充满信心,一如既往地实施其"弃舟登陆"战略,频频重拳出击,在香港本土进行了大规模的投资活动。

控股香港地下铁路和隧道,出任隧道公司主席;投资香港电力公司和《南华早报》;参股英资国泰航空公司,控股香港电车公司及天星小轮公司等。

1982年9月份的中英关于香港前途问题的高峰会议,包玉刚是唯一的一位民间人士,但他代表着香港500万居民以及香港英资和华资企业集团的意愿。他的任务是"协助中英双方领导人,商讨香港前途问题"。两国领导人都认为,包玉刚是担任顾问的适当人选。

1984年12月19日,《中英联合声明》在北京签署,正式确认:中英用和平谈判方式,历史性地解决了香港回归问题,中华人民共和国将从1997年7月1日起对香港恢复行使主权。

为了记录这一历史性的时刻,中国内地特别邀请了香港各界人士组成观礼团赴京观礼,包玉刚作为嘉宾应邀参加在北京人民大会堂举行的签字仪式,成为这一重大历史时刻的见证人。

《中英联合声明》签订后,接下来就要起草基本法。包玉刚当上了基本法起草委员会副主任和咨询委员会召集人。

在基本法咨询委员会筹备成立期间,包玉刚所表现出来的巨大工作热情,绝不亚于当年经营他的"海上王国"。

基本法咨询委员会成立的目的,是让更多的香港人有机会更广泛参与基本法的起草。

咨询委员会要开展活动，就必须有经费。据香港新华社当时的负责人回忆，在咨询委员会筹备酝酿过程中，包玉刚、李嘉诚、查济民等几位财力雄厚的企业家自愿负担，但不希望公布具体数字。后据消息灵通人士透露，首次筹集到的经费就达几千万港元，由此推算，这些富豪慷慨解囊，所出不菲。

经费有了保证，接下来就是会址问题了。包玉刚又是积极响应，提出把中环连卡佛大厦八楼的一整层让出来给咨询委员会作为办事处使用。

当时，正是包玉刚成功收购会德丰不久，连卡佛大厦是他旗下的新物业，地处黄金商业区的黄金地段，包玉刚毫不犹豫地把大厦的一整层让出来，足见其慷慨豪爽的海派作风。

时任基本法起草委员会副秘书长的鲁平说："香港基本法记载着包玉刚先生一份不可磨灭的功劳。"

《中英联合声明》的签署使包玉刚深受鼓舞。虽已年近70岁高龄，他还认真钻研《中英联合声明》内容，熟记其中的重要条文。

在一次与新闻界人士的座谈会上，记者对"出口成章"的包玉刚佩服得五体投地，戏称正因为包玉刚把《中英联合声明》背得滚瓜烂熟，所以他才当上了基本法起草委员会副主任。

1987年4月中旬，包玉刚从北京返回香港，在向港人谈到此次国家领导人接见基本法起草委员会委员的讲话精神时神采飞扬，说国家领导人重申"50年不变"。

包玉刚认为50年不变有两层含义："一国两制"不会改变，中国是共产党领导的社会主义国家也不会改变，并且只有后一个"不变"，才能保证前一个"不变"。可见，船王对"一国两制"的理解相当到位。

在此期间，包玉刚不负国家的厚望，积极联络基本法起草委员会委员，献计献策，倾听各方意见，倾注了很大热情。

由于在香港社会的重要地位和香港回归中的独特作用，包玉刚一度成为香港首任行政长官的热门人选，海外传媒把他与李嘉诚等一起列入"红色资本家"的名单。

捐资修建兆龙饭店

早在1978年,包玉刚见到国家旅游局局长卢绪章的时候,就表示要捐资修建北京的饭店和一些学校等。由于种种原因,包玉刚一直没有得到明确的答复。

1980年3月15日,包玉刚应六机部部长柴树藩之请,到北京商谈订购船舶和航运合营等问题。

合营协议签订后,王震、谷牧等领导人会见了包玉刚。

会谈中,包玉刚再次表示愿意支持祖国的旅游事业。他说:"北京缺少旅游饭店,我来贡献。父亲包兆龙和我本人愿意无条件地捐赠1000万美元,在北京适当地点建一现代化规格的旅游饭店,我只有一个要求,为纪念我的爸爸,我爸爸已经80多岁了,饭店就叫兆龙饭店。"

4月4日,包玉刚递交信不久,国家旅游总局就向国务院提交了《关于香港环球航运集团主席包玉刚捐赠旅游饭店和办公楼的请求报告》,就占地、贷款、进口材料和设备免税等问题提出了非常具体的要求和意见。

国家旅游总局领导层的态度也十分一致：包玉刚捐资办饭店的举动，不但有利于缓和北京市旅游饭店紧张的局面，更对吸引侨资进入中国，起了一个榜样作用。

4月9日，国务院就批准了旅游总局的报告。但是，接下来却再无进展，如泥牛入海，没有回音。

因此，包玉刚的1000万美元的支票硬是没有人敢接。包玉刚打电话给卢绪章，卢绪章第一个想到的人是廖承志。

于是，卢绪章以国家旅游总局局长的名义，给邓小平同志写了封信，如实报告了包玉刚的希望和要求，也如实报告了如今遇到的问题。

信由廖承志亲自送交。

此后，事情的进展便一帆风顺了。旅游总局在东城区工人体育场路找了10亩地。这里属三环路附近，距北京机场也不远，发展前景非常看好！

1981年1月，包玉刚在广州与柴树藩商谈合作时，又表示愿意向上海交通大学也捐赠1000万美元，用来建造一座现代化图书馆，唯一的要求也是以包兆龙命名……

包玉刚在电话中对卢绪章说："只要北京定下饭店的地点，随便请哪位国家领导人出面，我立即陪同父亲去北京，把饭店和上海交大图书馆的捐资，共计2000万美元的支票，一起交给国家。"

卢绪章爽快地答应了。

1981年7月3日，为了参加兆龙饭店的捐赠和奠基仪式，包玉刚夫妇决定陪同父亲包兆龙及带全家人，包括陪容、陪丽及孙子孙女一行9人，先去北京，然后再去上海。让已多年没回内地的86岁的包兆龙重返上海看看故居，也了解一下交通大学图书馆的设计情况。

转眼就是包玉刚父子到京的日子，1981年7月6日邓小平接见包兆龙、包玉刚父子，他亲手接过包玉刚的面值1000万美元建造兆龙饭店的支票和1000万美元建造上海交大图书馆的支票，并为兆龙饭店题了名字。

1985年10月25日，兆龙饭店举行了落成典礼。

这一天，对包玉刚来说是一生中最为激动的一天。

荣归故里创办大学

早已登上"世界船王"宝座的包玉刚多年来无时无刻不想念自己的家乡,在他的观念中,不管他本人地位如何显赫、如何风光、如何"树高千丈",但总归还是要叶落归根的。

1984年10月28日,包玉刚终于高兴地接受了宁波市政府的邀请,在卢绪章陪同下,踏上了阔别几十年的宁波故乡。

这一天,宁波大街上彩旗招展、欢声雷动,身穿节日盛装的孩子们挥舞着鲜花彩带,专业的乐队演奏着欢快的乐曲,大道上欢迎的人们翘首以待,终于迎来了一列贵宾车队。

阔别了40年,如今重新踏上故乡的土地,而且受到了如此热情的礼遇,包玉刚心里万分激动:"虽然我1949年出走香港,1963年加入英籍,但这些都没有让我忘记自己是一个中国人,是炎黄子孙。"

陪同包玉刚回乡的,还有妻子黄秀英,大哥包玉书夫妇,妹妹丽菊、素菊,妹夫李伯忠,好朋友郑炜显以及新华社香港分社副社长,一行10多人,浙江省的有关领导、宁波市市长也出面接待,陪同参观访问。

家乡的一切都使包玉刚感到亲切，特别是碧波万顷的北仑港使一直纵横四海的包玉刚激动不已。他兴奋地说："名不虚传！名不虚传！想不到我的家乡有这样一个好港口！建设起来，完全可以与世界上最好的荷兰鹿特丹港媲美。宁波有北仑港，阿拉宁波人得福了！"

第一天，包玉刚要回钟包村附近的神钟山去祭祖。

其实在年初的时候，包玉刚接到仍在宁波的外甥的电话，外甥说："早年间我们家祖坟因为在姚江大闸附近，后来建工厂就迁到了神钟山。政府把包家的祖坟修葺一新，希望您能回去祭祖！"

包玉刚听了不由热泪盈眶："祖坟还在家乡，我的根还在家乡。好，我今年就回去！"

神钟山离宁波市也不远，是一个山清水秀的好地方。包玉刚来到山前，竟然有恍如隔世之感："我从小在这里长大，怎么居然不知道有这么一个好地方呢？"

包家的祖坟刚被重修过，而且通往坟地的路也修得相当不错。包玉刚心里十分感动。

包玉刚率领家族成员，列队来到祖父坟前，摆上水果美酒，点上香烛，按传统方式跪拜祭祖。

包玉刚双手扶着墓碑，不由心潮激荡，思绪万千：

> 根，中华炎黄子孙最在乎的就是根系。我包玉刚身在海外，政府把我家的祖地迁到这个地势开阔、景色优美的地方，还重新修建一新，其诚可佩，其意可敬。我一定要倾力资助家乡建设。

第二天，包玉刚又带家族人员回到了钟包村。包玉刚看着曾经的石屋小村，现在已经是洋楼耸立，童年的那些回忆要到哪里去寻？当年与黄秀英的洞房花烛之夜的新房还在不在？

出乎意料，包家老屋都保存得好好的。包玉刚先来到"履安堂"，向祖先祈祷纳福，又与黄秀英走进了40多年前成亲时的新房。他发现，当年的摆设依然完好，就连结婚的用品也一件件原封未动。

包玉刚与妻子相视无语，这一对花甲老人，眼前都仿佛浮现出新婚那一天的场景。黄秀英默默地走到梳妆台前，对着台上的大镜，眼前似乎又现出了当年花季少女的模样。

包玉刚走到黄秀英身后，把妻子揽进怀中，他们都沉浸在40多年相濡以沫、相知相爱的氛围之中。

随后的一天，包玉刚还参观了江南最古老的藏书楼"天一阁"。

天一阁始建于明朝嘉靖年间，被誉为中国最古老的藏书楼。

据说，天一阁的创始人叫范钦，是嘉靖年间的进士，官至兵部右侍郎。

传说，这位范钦生平酷爱读书，更喜藏书，在做官期间，每至一处，必便装出行，穿街过巷，去寻觅古书、孤本，搜集各地县志和地方志，闲时加以整理、补充，不断完善。

经过几十年的苦心经营，他的藏书超过了7万册，不少文人墨客都来登门求教，以借书一睹为快。

范钦一生正直，看不惯官场腐败，后因与严嵩父子政见不合，辞官还乡，回到宁波建造了这座天一阁，潜心于书籍收藏和整理。

"天一阁"三字取意于汉代郑康成注《易经》中"天一生水，地六成之"，其结构为楼上一间，楼下六间，别具特色。

范钦的余生在天一阁度过。至他去世时，天一阁藏书达20万册。他的后代恪守他的遗训："代不分书，书不出阁。"藏书量扩展至30多万册。

这一天，"天一阁"的古籍管理工作人员听说来访者是香港船王包玉刚先生，就特意将"天一阁"珍藏的一套《包氏家谱》捧出给包先生看。这套线装古本的《包氏家谱》记录了包家绵延繁衍的根系。

包玉刚当即查看了《包氏家谱》，并顺着包氏绵延脉络查下去，意外地发现自己的太祖父包奎祉居然是北宋著名清官包拯的后代。

可是，据说包拯老家在安徽合肥，他在汴梁做官，为何他的子孙会跑到江南宁波呢？据这本《包氏家谱》中记载：包拯有两子，长子包臆，幼子包授。

北宋末年，宋高宗在包授的六世孙包元吉的保驾下南逃，在临安建都，册封包元吉为翰林院待制。

南宋被元所灭，包元吉的孙子包荣当了元朝的廉访使。晚年告老辞官，从临安迁至四明。

包荣有两孙，即世懋和世忠，在元代至正年间，也就是1341年至1368年左右，包世懋官居定海学教谕，包世忠随兄定居定海横河堰。

至此，世居汴梁的包氏家族的其中一个分支便在江南宁波扎下根来，开枝散叶。到清朝光绪年间，包家出了一名读书人，他便是包玉刚的太祖父包奎祉。

如此推算，包玉刚便是包拯的第二十九代嫡孙。

知道自己居然是北宋清官的后人，包玉刚高兴地呼喊起来："原来我是包青天的子孙啊！"

包玉刚下定了为家乡办些实事的决心，便问市长："宁波现在最需要解决的是什么问题？"

市长说："宁波现在还没有一所综合性大学，地方培养建设人才很困难。"

包玉刚沉默不语，过后他对卢绪章说："表哥，要实现现代化，教育是最重要的，没有合格的人才，什么事情都做不好。宁波是全国14个沿海开放城市之一，人口与香港差不多，面积比香港大10倍，但没有综合性大学，这是以前我所没有想到的。我现在想帮助家乡办一所大学，你看怎样？"

卢绪章当即表示："好啊，你的想法很好！"

第二天，宁波市委宴请包玉刚夫妇。席间包玉刚谈了两天来的观感。说："宁波比我想象中要好得多，不过宁波潜力还很大，特别是宁波港，如果能充分开发，我看宁波前景无量。"

市委书记说："宁波被正式列入14个沿海开放城市后，市委、市政府专门做了部署。现在最紧缺的是资金和人才。我们诚心欢迎包先生能对宁波的发展多提宝贵意见。"

包玉刚突然端起酒杯站了起来，并郑重地拉着市委书记的手宣布："书记，我决定创办宁波大学！我出钞票2000万美元，你出地皮。"

包玉刚的这一决定，使在座的各位皆大欢喜，大家都站起来鼓掌庆贺。1984年12月19日，包玉刚与宁波市政府签约，兴建宁波大学。

在有关各方的支持、关怀下，宁波大学的筹建工作非常顺利。

在一次接受香港《大公报》记者采访时，包玉刚谈到了他对宁波大学的设想。他说：

> 宁波大学初期会以理工科为主。这主要是为了配合当前的需要，搞四化主要是依靠科技，所以准备先搞好理工科，学生毕业出来，可以为开发宁波作出贡献。
>
> 宁波是一个宝地，北仑港不会淤塞，又是一个深水不冻港，船舶位充足，每天吞吐量可达亿吨以上。而且北仑港的扩充潜力很大，将会是我国对海上贸易重要的港口之一。宁波还有轻、重工业，都需要人才。
>
> 宁波大学的设立，可以为解决人才问题而贡献力量……至于扩展为综合性大学，在后一阶段将逐渐促成。

1985年10月29日，举行了宁波大学奠基典礼。

包玉刚在奠基典礼上饱含深情地致辞：

> 这次回来，我们办了4件喜事：前些日子为北京兆龙饭店剪彩；前天为上海交通大学兆龙图书馆落成剪彩；昨天为家乡的兆龙学校落成剪彩；今天为宁波大学奠基。我们包家要为祖国、为家乡多作贡献。

1986年11月25日，包玉刚出席了宁波大学开学典礼。

宁波从此结束了没有综合性大学的历史，也圆了几代宁波人的大学梦。

拜师母建中兴中学

1984年10月,包玉刚回到故乡宁波钟包村祭祖,他从老宅出来之后,又去看了儿时就读的中兴小学。这座名噪一时的名校还完好地保存着。几乎是包玉刚读书时什么样子,现在还是什么样子。

回到家乡后,包玉刚的第一个感觉就是这里的教育还比较落后。于是他感到了一种责任,一种振兴中国教育事业的责任。

包玉刚说:"一位教育家说过:一位伟大的政治家,必然重视教育,否则只能叫作政客;一位伟大的企业家,他必然致力于智力的投资,否则他只能成为过眼云烟的失败者。"他说这句话的意思很明确,他虽然不是政治家,但却想成为一位实实在在的伟大的企业家。

包玉刚很重视教育,即使在初到香港的困难时期,他也把女儿送进了最好的学校去读书。女儿后来也全部都进入了美国著名的大学学习,包玉刚深感欣慰。

包玉刚为什么热衷于在家乡办教育?叶澄衷是影响人之一。

近代宁波帮先驱叶澄衷先生在事业有成后,悟出了一条道理,他说："兴天下之利，莫大于兴学。"1899年在上海虹口出银10万两兴建澄衷蒙学堂，这就是后来的澄衷高级中学。1902年，在家乡镇海庄市斥银30000两创建叶氏义庄，1903年建义塾，这就是中兴中学的前身。两所百年名校，培养了大批人才。

所以包玉刚致力于办学，并不是一个偶然的决定。

"一日为师，终身为父。"包玉刚对少年时代的恩师始终铭记不忘，当1984年一踏上故乡的土地，就在中兴小学的王尔功、阮维肇、曹世豪、庄修之4位同班老同学陪同下，想看望他的恩师支家英——这位当年选他当旗手的老师。

可惜这位可敬可爱的老师已谢世多年，师母尚健在，已是86岁的高龄，却耳聪目明，很有精神。

包玉刚见到师母，他非常高兴，犹如见到恩师一样，恭恭敬敬地给师母三鞠躬。在师母房间里，包玉刚看到了支老师的遗像，他虔诚地双手合十，毕恭毕敬鞠躬。

50余年后的今天，包玉刚看到老师遗像，不禁心潮起伏，思绪万千。他心里默默念叨："啊，半个世纪过去了，我们中兴母校随着时代的变迁而湮没，我们敬爱的老师多已长眠地下。但他们的教诲永留心间。他们创建的母校要恢复，要让中兴重放光彩。"

包玉刚在即将离开师母家时，他对师母说："您老有话，就对学生说，能办到的，学生一定尽心尽力去办！"

师母抹了一下泪水，笑了："我没啥要求，中兴也停办多年，这次二哥（指包玉刚）你把学校重新来办一办吧！"

包玉刚含笑点头说："师母，您老人家放心，学生一定尽力恢复中兴母校，感谢恩师和母校师长对学生的教诲、栽培。"

包玉刚离开师母家便和几位同学朝中兴学校旧址——叶氏义庄

走去，路上，船王对王尔功、阮维肇、曹世豪、庄修之4位同学说："我个人意见，中兴母校新校址就设在叶家旁边，土地由你们4位负责征用，钱由我们这些香港校友出。"

4位同学都笑了，齐声说："好。"

1984年11月，就在包玉刚离开故乡回香港不久，第四届中兴校友会筹备会以王尔功、阮维肇、曹世豪、庄修之4人的名义，向旅港中兴校友发出恢复中兴学校的倡议。

包玉刚接函后异常激动，当即回函："来函述及中兴母校之议，不胜欣慰，我对此深寄厚望。"

1985年2月10日，中兴学校第四届校友会和中兴学校筹建委员会，相继在上海南京东路的和平饭店宣告成立。

在校友会上，这些两鬓已经斑白的老同学真是感慨万千，即兴赋诗一首：

少年岁月赛黄金，黄金哪比同窗情。
老来从容忆少年，喜展蓝图画中兴。

这首诗道出了这群老同学重逢共商复校的喜悦心情。

恢复中兴中学的消息，犹如一阵春风，吹醒了旅港中兴校友那份沉睡多年的母校情。

连续三届任香港宁波同乡会会长的包从兴，是一位蜚声海内外、德高望重的企业巨擘，听到中兴复校的消息后，主动担负起联络旅港校友的重任，发起认捐复校资金工作。

邵逸夫学长、包从兴学长和赵安中学长以其子名义各捐100万港元，叶谋彰学长捐50万港元，其余由包玉刚学长捐资650万港元凑足 1000 万港元建造中兴中学。

1986 年 10 月 26 日，中兴中学举行隆重的奠基典礼。

由于包玉刚等中兴旅港校友的大力支持，1987 年 9 月百年中兴重新拔地而起，并由原来窄小破旧的小学扩建为一所环境幽雅、设备齐全的中学。

在中兴中学的落成典礼上，包玉刚以一个老校友的身份语重心长地对新一代中兴学子说：

> 希望你们好好利用这所设施完备的学校，接受各位师长的教导，刻苦学习，使自己打好基础，成为有用的人才，为国家的现代化建设作出贡献。

那位当年曾创办中兴学校的叶公澄衷如果在天有灵，也该为中兴学校有包玉刚等这样的学子而感到欣慰，感到自豪。

包玉刚除捐资创办宁波大学和中兴中学外，还捐资数百万元，与其他中兴学校校友一起，恢复了镇海小学，并新办一所兆龙小学。

包玉刚在香港宽敞明亮的会客厅里，墙上挂着一副条幅："十年树木，百年树人。"

有人曾就这个条幅问过包玉刚："你挂这个条幅有什么特殊意义吗？"

包玉刚凝眸沉思了片刻，说："中国的四个现代化，必须要有优秀的人才和先进的科技作为支撑，培养人才更是刻不容缓，因而教育方面是首先的基本工作。宁波是全国 14 个开放港口之一，兴办大学是一件十分急切的事。而小学、中学又是大学的基础,没有一个坚实的基础,高楼大厦是造不起来的。我们捐资一所大学,恢复一座中学,新办一个兆龙小学,其目的和主要原因就在于此。"

包玉刚深沉地叹了一口气,话锋一转:"我非常怀念我们的中兴学校,与附近几所规模较大的同类学校相比,无论教育质量和学生学习程度,几乎要高出一年光景,方圆十几里的学生家长都特意送子女到中兴上学。"

勤俭持家报效祖国

包玉刚是一个生性节俭的人，不会乱花一分钱，但他却绝不是一个吝啬的人，该花的钱绝对不会手软。这一方面得益于包玉刚从小所受的教育。

包玉刚家庭有做生意的传统。而包玉刚的家族观念很浓，对父亲包兆龙从来都没有说过一个"不"字，甚至到了敬若神明的地步。

无论在生意上还是在家庭中，包兆龙都是一个非常传统的人。包兆龙治家很严，对子女严厉中透着慈爱，他谨慎而正直，从小就教育子女后代要独立自强，靠本事吃饭。

包玉刚成为富豪之后，财富越积越多，但包兆龙却没有恃财傲物，仗势欺人，相反，他时时处处以身作则，仍然保持着勤勉节俭的生活作风。尤其是在穿着方面，他从不追求名牌，一件新衣往往穿到后领都磨破了也舍不得扔掉。

包兆龙生前立下遗嘱：去世后把自己穿过的衣服送给子孙们留念。当他逝世后，子孙们接过一件件衣领袖口都磨破了的衣服，不禁泪如泉涌。

包兆龙就是这样教育儿孙们不要忘记中国人勤俭朴实的生活美德，不要忘记创业的艰辛。

包玉刚在父亲的言谈行为教育下，对女儿们要求也很严格，甚至表现得有些高压。包玉刚认为，对下一代的溺爱会毁了他们，他对后辈最大的希望是他们接受良好的教育，并让他们根据自己的兴趣去选择自己的生活道路和生活方式。

包玉刚把4个女儿送进了能找到的最好的学校，中学毕业之后，他让她们在美国选择一所大学继续深造。

包陪容在海外念大学的时候，包玉刚经常找她谈心，一再嘱咐女儿："要永远牢记我们是中国人。要努力工作，当人们对你微笑的时候，你要知道，那只是因为你是船王的女儿，不要自视太高。要永远牢记自己的民族，牢记自己的民族文化。"

包家家风节俭，即使成为香港富豪之后也不曾改变。但包家姐妹没有觉得可耻，反而觉得很自豪。包玉刚只容许女儿们每一段时间拥有一双鞋。

他经常教育女儿们："人们都以为宁波很发达，其实宁波人很节俭，也不怕吃苦。你们的鞋全是你母亲一针一线做的，鞋里用的全是碎布。咱们老家有句话，'宁波女人十个指头，都是做鞋时被刺破过的'。"

包玉刚有一个习惯，每逢新船下水，他都会邀请各地的政客、夫人、公子、小姐参加掷瓶下水礼。撒切尔夫人、安妮公主、菲律宾总统马科斯夫人都是他经常邀请的嘉宾。因这个掷瓶仪式是商界中很隆重的典礼，这些知名人士的光临，自然会为典礼增色不少，而包玉刚也一定会送上极厚极贵重的礼物。

包陪庆21岁生日那天，正好赶上包玉刚有一艘新船下水，于是她就请了几个朋友到父亲的公司参加新船剪彩仪式以庆祝自己的生日。包玉刚知道之后，硬是把这些邀请取消了，他对女儿说："这艘船不是我赚回来的。仪式是属于公司的，是用来招待公司客人的，你对公司没有任何贡献，因此无权利用公司的仪式来为你庆祝生日。"

包陪庆当时委屈地哭了，并说父亲"不近人情"，但后来，她慢慢地记住了包玉刚的话，做人应该公私分明，不能因为自己是船王的女儿而搞任何的特殊。

包玉刚与各国政客都有来往，但包玉刚送给他们的礼物却是一条绳———一条他用来锻炼身体的绳。深谙社交之道的包玉刚笑称："我觉得，没有什么比送绳更特别和更有意义的礼物了。"

当然，这只属于一种生意场上的表面"手段"，而送给各国政要的最好礼物是包玉刚的轮船订单，因为它能推动该国工业的发展，扩大就业机会，无疑为这个国家解决了最令政治家们伤脑筋的问题。

对于中国，包玉刚也采取了同样的策略。他先向中国订造了相当数量的一批轮船，这一举动曾引起国际航运界的关注，中国的造船业也因此而蜚声海外。

与此同时，包玉刚还想出了更能帮助中国走向富强的方法——帮助中国兴办实业。

包玉刚的家乡宁波北仑港是一个天然良港，海域辽阔，港域水深达20米以上，而且不冻不淤，能停泊10多万吨的巨轮。

孙中山当年视察宁波时，被北仑港的优越地理条件吸引，称之为"东方大港"，并想把它建造成一个"东方鹿特丹"，但后来因财力不足而作罢。

一位日本专家偶然路过此地,他惊叹于深不见底的碧波荡漾的海域,认为这是"中国港口的皇冠"。

包玉刚多年经营航运,对港口有着一种特别的感情,当他知道家乡宁波居然有这么一个宝地,便迫不及待地前去观看。

包玉刚一看之后,立刻被这个有巨大发展潜力的良港吸引了,他说:"宁波的港口是中国最有前途的港口,今后在亚洲和全世界也将占有重要地位。有了这样一个港口,宁波的经济建设前途无量。"

包玉刚相中了北仑港,并决定把这儿开发出来。他说:"我计划建造一个可驶入30万吨轮船的港口,在此基础上搞一个20平方公里的开发区,并利用其港口条件,办一个大型钢铁企业。"

1985年11月,国务院专门成立了"宁波经济开发协调小组",并以国务院名义聘请包玉刚、卢绪章为顾问,小组职责是研究协调宁波改革开放和经济发展中的一系列重大问题,这在当时的中国可以说是独一无二的。

包玉刚对这个协调小组兴趣极大,用他的话讲,协调小组等于在宁波和北京之间架起桥梁。他欣然表示:"我当顾问,我跑腿。"

从此,包玉刚为开发宁波而奔波于香港、北京、浙江之途,为推销宁波形象,往返于欧、美、亚洲之间,风尘仆仆,不辞辛劳。他频频向各国首脑与实业界人士介绍北仑港的优势条件和良好的投资环境,希望他们到宁波考察投资……

为此,外国朋友戏称包玉刚为"宁波大使"。

为家乡的发展,包玉刚乐此不疲,他一再表示:"宁波的事,也是我的事。"

经过包玉刚的斡旋，英国等国的公司纷纷组织代表团到宁波进行实地考察和可行性研究，并同中方进行了多次正式会谈。

1986年10月15日下午，由包玉刚主持，中国冶金进出口公司代表和英国戴维麦基公司代表在上海和平饭店签订了关于中外合资宁波北仑钢铁厂项目协议……

包玉刚报效祖国、支持家乡发展计划的梦想慢慢地都变成了现实。

宣布退休女婿继位

1986年，包玉刚在再三思索之下，向外界宣布：自己将在两年内退休。

包玉刚没有儿子，只有4个女儿，他曾开玩笑地对人说："我虽然只有4个女儿，但是她们却给我添了4个儿子。"

如包玉刚所希望的那样，4个女儿学有所成，并按照自己的兴趣、爱好选择自己的职业和伴侣。

对于女儿的婚姻，包玉刚曾做过这样的许诺：对象由她们自由选择，父母只做参谋；不用理会对方是贫还是富，只要为人正派，有事业心、进取心，便可考虑。

中国有个传统，叫"子承父业"。包玉刚没有儿子，因此，早在他宣布退休之前的好几年，他就着意培养女婿做接班人，计划由4个女婿打理他建立起来的庞大的包氏王国。

由于包玉刚早就向外界扬言不干涉女儿的婚姻选择，所以，他的4个女儿在选择丈夫时，完全是由着自己的喜恶而定，结果是4个女婿当中，竟有3个是经营管理的"门外汉"。

但是，包玉刚却不是一个轻言放弃的人，他不断向女婿们灌输家族团结一致、共同进退的思想，设法把女婿纳入自己的王国内。

经过几年的努力，他终于达成了心愿。

最先加入包氏集团的是大女婿苏海文。苏海文是一位奥地利人，原名叫赫尔墨特·索克曼，1941年出生于奥地利，父母都是捷克人。索克曼在遇到包陪庆之前，他从来没有想过会娶一个中国妻子，更没有想过会成为世界船王的女婿。

索克曼一心想当一名出色的律师，在维也纳读完大学之后，只身前往美国的芝加哥大学攻读法律博士。在那里，他认识了包陪庆，从此改变了一生的命运。

他们的第一次邂逅是在1967年一个为欢迎外国留学生而举行的舞会上，当时，包陪庆正攻读三年级法学课程。那天，包陪庆记错了舞会的内容，梳了一个很成熟的发型，使她看起来像是为扶轮社招收学员的工作人员一样老气横秋。

谁知歪打正着，这个梳错的发型为她带来了一段美满姻缘。

索克曼在人群里一眼就发现了这个与众不同的中国女孩，并立即喜欢上了她。很快，两个国籍不同、种族不同，身份也悬殊的年轻人无所顾忌地相爱了。

两人交往的初期，包陪庆并没有告诉索克曼她的父亲是谁，是干什么的。后来，索克曼知道了自己的恋人原来是世界船王包玉刚的女儿，却并没有自惭形秽，更没有欣喜若狂，作为一个有自己理想和抱负的年轻人，他只想成为一名律师，对船和船主并没有特别的兴趣。

大女儿爱上了外国人！消息传到香港，在一向平静的包家掀起了轩然大波，包玉刚大吃一惊，黄秀英更是迷惑不解，他们一时无法想象，一个白皮肤、蓝眼睛、棕头发的"外国佬"来到面前，喊他们一声"爸、妈"的时候，会是怎样的一种情形。

当这对热恋中的年轻人准备结婚时，双方家庭都显得很冷淡。

索克曼在奥地利的母亲寄了两封信给包玉刚，告诉他两个孩子结婚的打算，却都没有得到回音。这位不太想儿子娶外族女子的寡妇于是心灰意冷，对儿子的婚事再也提不起兴趣来了。

对于包玉刚的沉默，索克曼却认为："相信对一个难题长期不予答复，问题就会自己离开，这常常是生意人无奈的选择。"

虽然没有得到双方家长的支持，索克曼和包陪庆还是决定结婚。

也许是因为自己有言在先，也许是因为没有挽回的希望，包玉刚决定接受现实，和妻子到芝加哥参加女儿的婚礼。

包玉刚接受了他们俩的决定并使得婚礼以最好的方式进行。他没有坚持因为索克曼是外国人而反对女婿，相反包玉刚后来还常常到蒙特利尔去看他们。当时索克曼在加拿大皇家银行当法律顾问的时候，包玉刚要他考虑参与他的生意。

包玉刚说："这是中国的传统，家庭成员之间要互相帮助。"

包陪庆开始的时候并不太情愿，她觉得加拿大广阔的天地更适合他们。索克曼对包玉刚所从事的事业也丝毫不感兴趣。面对这两难的选择，最后，索克曼决定一试。

从那时起，包玉刚对他俨然就像父亲一样了。

最终，索克曼还是放弃了自己熟悉的一切，放弃了自己原来的追求，投身到一个完全陌生的世界，开始从事那完全陌生的工作。

1970年，索克曼夫妇来到香港，加入包玉刚的环球船务公司，协助包玉刚打理生意。由于索克曼的名字较长，念起来怪拗口的，包陪庆为他取了一个中文名字——苏海文,文绉绉的,十分中国化。

这个中文名字寄托了包陪庆的一番苦心:"苏"是"索"的近音字,又是中国人的姓氏;"海"寓意他从事的海运业;"文"则显示他勤奋好学。而"苏海文"3个字念起来与"索克曼"十分相近,与他从事的工作有着某种天然的联系。

也许是因为苏海文这个名字,使包玉刚对这个欧洲人平添几分亲切感;也许是因为他的正直、诚恳和出色的工作表现,在这以后的20多年里,苏海文凭着出众的才华,迅速从一个船务行业的外行变成内行,这一点跟当年的包玉刚很相似。

苏海文不久被擢升为环球集团的第一副主席,执掌环球集团的所有船务,其后,还担任汇丰银行、《南华早报》、会德丰和九龙仓董事以及港龙航空公司的董事经理。

苏海文也坦然承认自己加入包氏集团是包玉刚的关系,他说:"我是包爵士的女婿,我确实因为他是我的岳父才加入环球船务。既然一切都是事实,我便唯有接受。"

但是,对于别人认为他之所以得到今天的地位,完全是倚仗岳父的牌头,他却不屑一顾,他说:"我认为最重要的是去证实自己确有才华,那么别人便会去赏识你,闲话就不攻自破。"

苏海文正是以自己的出色表现去证实自身的价值。

1986年9月,包玉刚将环球航运集团主席的位置让给了这位大女婿。同年,苏海文当选为立法局议员,成为包氏家族中唯一进入香港权力核心机构的继承者。

二女儿陪容的选择算得上最符合父亲的心愿了。

陪容学的是室内设计,她选中了上海人吴光正作为终身伴侣。

他们俩是1970年在香港认识的,并没有立即发展成恋人。两年后,吴光正的母亲请陪容从香港带一件木雕工艺品给她在美国的儿子,千里姻缘一线牵,在异国他邦,两人坠入情网。

对于陪容和吴光正,包玉刚似乎特别偏爱。

吴光正中等个儿,文质彬彬,一介白面书生的样子。他的父亲是一名建筑设计师,在德国工作了30年。

吴光正出生于上海,在香港受教育并到美国上大学,主攻建筑学、物理学和数学,后来,他的兴趣转移到商业,并在哥伦比亚商业学校取得了MBA学位。

毕业后,吴光正在美国大通银行工作,直至1973年结婚,他随妻子迁回香港,任职于大通银行香港办事处。

尽管他知道包玉刚是大船主,但吴光正并没有急于参与包氏家族的生意,因为大通银行的老板警告过他,不要卷入任何船务生意中。

吴光正是包玉刚4个女婿中唯一一个有共同语言的接班人。说他们有共同语言,有两重含义:一是指他们俩的语言最接近。吴光正是上海人,包玉刚在上海的时间也相当长,两人无论在工作时还是在生活中,都喜欢用上海话交谈,彼此有一种同声同气的感觉;二是指他们都是银行界出身。

因此,包玉刚又怎么会放过这位有丰富银行经验的二女婿呢,于是力邀他加入包氏王国。

最终,家族的力量占了上风,吴光正在结婚后不久也加入了包氏集团。在包玉刚收购九龙仓一役中,吴光正崭露头角,在岳父身边出谋划策、打点一切,充当智囊和助手的角色,深得包玉刚的信任。

1986年10月，包玉刚把九龙仓主席一位让给吴光正。此后，吴光正一直担任着包氏集团陆上王国的"龙头老大"，他负责着九龙仓系和会德丰系的7家上市公司，掌握的资产达到300亿港元。

包玉刚的三女婿叫渡伸一郎，他与包陪丽是在华盛顿大学认识的，当时，渡伸一郎学习建筑学，陪丽学习美术，共同的审美眼光使两个年轻人擦出了爱情的火花。两人取得硕士学位之后，便双双留在了洛杉矶工作。

陪丽一向专心于她的绘画艺术，对包家的大轮船并不太感兴趣，甚至可以说有些冷漠。有了大姐嫁外国人的先例，陪丽便没有多理会父亲对日本人的复杂感情，由自己来决定一生的幸福。

三女婿渡伸一郎当初出现时曾令包玉刚好一阵为难。包玉刚对日本人一直怀有一种复杂的难以用语言表述的情感。

20世纪三四十年代，日本侵略者的铁蹄践踏中国的大好河山，使人民流离失所，惨遭杀戮，也使新婚燕尔的包玉刚和夫人开始了颠沛流离的流亡生涯。那时候，他对日本人恨之入骨。

战后的日本背负着重压，重整其经济，他们为发展本国的工业，制订了许多优惠政策吸引外国的投资者。初涉航运界的包玉刚一眼就看中了这些优惠政策，并与日本人建立了密不可分的合作关系，可以说，没有日本人，就没有后来的环球航运。

对日本人的这种复杂的情感，曾一度使包玉刚对女儿的婚事感到为难，但因他有言在先，不干涉女儿的抉择，所以并未表示任何反对意见。相反，当包玉刚发现这位身为建筑师的日本女婿有着一副精明的头脑以及一套勤于思索、善于交际的本事时，便毫不犹豫地把他纳入包氏王国。

后来的事实证明，这位头脑精明、擅长交际的日本女婿为包氏王国又添了一根栋梁,在他应岳父之邀加入环球之后,包玉刚便把日本方面的生意全部交给了他掌管,渡伸一郎成为包氏集团在日本的全权代表。

在包玉刚的4个女婿当中,四女婿郑维健最迟加入包氏集团。倒不是因为他结婚迟,而是他在相当长一段时间里,不愿放弃自己从事的工作。他被称为"包玉刚费了最大劲才捉到手的一个女婿"。

陪慧是父母最宠爱的女儿,也许是年纪最小的缘故,她在家里是一个小公主,活泼可爱,聪明伶俐,还有点淘气。

陪慧与三姐陪丽一样,对艺术有一种执着的热爱,是一位相当出色的美术设计师。

从陪慧懂事开始,她就看见父亲终日忙个不停,每次向父亲撒娇让他陪自己多玩一会儿时,父亲总是"好、好"边应答着,边穿好衣服准备出门,当然,临走前是不会忘记亲一下小公主的脸蛋的。

陪慧觉得,父亲那样生活很累,后来连姐夫们也一样忙了,像他们那样成天紧张地工作,真是没有什么人生乐趣可言!

于是,陪慧选择了一位医生做自己的丈夫。

郑维健是广东人,出生于香港,在美国从事癌症科学研究工作,是美国威斯康星医学院和纽约癌症专科纪念医院的院士。

郑维健非常热爱自己的事业,与陪慧结婚后,两人定居美国,自立门户,过着平常人的生活。

包玉刚每次去美国,都会到长岛女儿的家里看望女儿、女婿和外孙,而且每次都劝说女婿回到家族业务中,但每次都遭到女婿婉拒。对此,包玉刚既惋惜,却又无可奈何。

直至1987年,包玉刚到纽约看望女儿一家,顺便让女婿为他做了一次体检。当检验结果出来时,大家都吃了一惊:原来一向健康的包玉刚已患上了癌症。

这个消息对包玉刚本人及其家族成员是一个极大的打击,而对包玉刚来说,这个坏消息却成了他的一件好事。包玉刚拿着化验报告对郑维健说:"包氏家族有近百亿美元的美国债券、股票和现金,需要一个亲信来打理。"

郑维健这时不敢过于顶撞,他低下了头,沉默不语。

包玉刚又说:"我现在又得了这个病,时间对于我来说实在是太宝贵了,我希望在最短的时间里,找到一个可靠的帮手接下这部分的事情。我考虑再三,这个人选非你莫属。"

郑维健抬起头,嘴角动了一下,似乎要说点什么,却最终没有说出来。

包玉刚步步跟进地说:"我让陪庆的儿子苏文刚冠上包姓,是不是给你一个心理负担,认为加入了包氏集团,就等于入赘包家,子女也要姓包?其实你大可不必为此操心,你和陪慧的儿子成然,以后冠不冠包姓,由你们做主,我不勉强。"

郑维健打断了包玉刚的话:"爸爸,我不是这个意思,一直以来,我只是太喜欢我从事的这项研究而已。既然爸爸您这么说,我再固执己见,则实为不孝了,我会考虑您的提议。"

四女婿终于松了口,包玉刚大喜过望,他说:"一份癌患报告,换得女婿归心,值得!"

1987年,郑维健终于弃医从商,偕妻儿回到香港,出任包氏家族私人投资的环球投资公司的董事经理。

对于弃医从商的决定,郑维健说:"我在医学上的职业已达到一个高峰,包爵士给我一个跟他学习一些全新东西的机会,是难能可贵的。何况，我还想自己的两个孩子接受更多中国文化的熏陶。"

虽然郑维健并不像吴光正和苏海文那样时时成为新闻媒介捕捉的对象，但他打理包氏家族内部的生意却是头头是道，在经营上也颇得岳父的风范。他说："观念的形成并不难。一年以后，我就感觉到，金钱才是积累资金和投资业务的条件。我们大都采取保守经营法，目的是为了储备剩余资金，我们不愿意冒险。"

包玉刚安排4位女婿各司其职，很像古时帝王分封诸侯的方式，对此，他有自己的看法："我见过其他家族发生的事，人人你争我夺。我相信他们分开管理一些东西是较佳的方法。"

包玉刚要求4个女婿所管辖的4个部门中，每一部门都要像他的总王国一样，作广泛的配置，各立账户，各自管理自己的流动资金和股票，各自形成相对独立的体系进行运营。

对于女儿们的安排，包玉刚也是有一套办法。虽然他传统观念根深蒂固，但却积极主张女儿参与到夫婿的业务中。

包玉刚曾对朋友说："我告诉女儿们不要像妈妈一样古老。她们应学习一些生意，但她们暂无权力，直至她们了解业务。"

4个女儿名义上为其夫婿主管集团公司的"非执行董事"，是没有权力的，但是，她们要出席公司每一次董事会议。

对于这种"垂帘听政"式的安排，4位女婿均认为有必要。苏海文说："如果有些什么事情发生在我们身上，我们的妻子知道如何管理我们的业务，这是十分重要的。"

包玉刚1985年之前当发觉自己的身体有些问题时，他就开始部署退路，安排包氏王国的庞大资产。最后，他作出这样的安排：把包氏财产并入5个信托基金，各自划入太太和4个女儿的名下，即一人一个基金，每个基金是独立的。

包陪庆和苏海文掌管他们名下的船队业务，包陪容和吴光正掌管他们名下的九龙仓，其余两个女儿和夫婿则持有一些现金和股票。他们4对夫妇都各不持有对方基金的一分钱，每对夫妇的财产都是绝对独立、自主的。

这样的安排，外人评论说不失为一个"万全之策"。因为它避免了在包玉刚百年归老之后，家族里出现的财产之争。

1988年，包玉刚向外界宣布彻底退休，家族业务全部交由4位女婿打理。

最后一击留下遗憾

1988年，包玉刚对外界宣布自己彻底退休了。

但是，人们似乎并不相信包玉刚会撒手不管，按照他4位女婿从岳父那儿沿袭下来的传统、谨慎的经营作风，遇到决策之时，仍是与包玉刚共商对策的。一般人认为，包玉刚是退而不休，仍是包氏王国的幕后主脑。

不管外界怎么猜测，包玉刚似乎从此与自己的妻子放下一切，一心享受生活了。包玉刚与妻子黄秀英1937年结婚，到包玉刚宣布退休，正好是两人的金婚之时。

黄秀英是一个百分之百的中国传统的贤妻良母典范。她把家看成是一个城堡，甚至不愿踏出城堡到外面旅行，她是一个专心奉献的妻子和母亲，更是一个好外婆。

在女儿们的眼中，黄秀英是一个"旧时代的女子"。确实，在黄秀英身上，深深烙下了中国传统妇女的印记——一个不折不扣的旧式女子。

想当年，她在如花的年华，便接受了父母的安排，嫁给一个自己不认识的男人,对于这段包办婚姻,她没说一个"不"字。

新婚燕尔,正碰上战火纷飞的年代,她随丈夫辗转大半个中国。为了能让丈夫专心工作,她把一个家担起来;为了丈夫能吃好,她宁愿喝白开水;为了买到大米,她夹在饥民中排一天一夜的队,她没有半句怨言。

定居香港之后,包玉刚的事业不断发展,黄秀英也不断学习以适应丈夫的变化。她偶尔会陪丈夫打一两局高尔夫球,或出入一些重要的社交场合,而更多时间,她则宁愿待在香港,而不是随丈夫到世界各地旅行或公干。

黄秀英没有什么语言天分,到香港40多年,仍只会说宁波话,甚至在英女王为包玉刚封爵的典礼上,她仍然用宁波话与女王交谈。

平时在家,黄秀英最大的娱乐就是打打麻将。和包玉刚一样,她的生活也是非常简朴,一如她对中国的感情那么朴实。

1980年10月,包玉刚偕妻子黄秀英一起到日本大阪船坞参加一艘船的下水仪式,一同出席的还有中国船舶制造公司主席蔡叔凡的妻子。主人出于礼节上的考虑,在剪彩仪式开始时奏起了中国国歌。

这时,包玉刚发现站在身边的妻子不停地用手绢擦眼睛,便关心地问她是否不舒服。黄秀英动情地说:"这是他们第一次奏中国国歌,而不是利比亚、巴拿马、巴西,也不是英国、日本或美国……"

多少年来,这对结发夫妻,一同经历了战乱、流亡、饥饿和困苦,也一同品尝了成功的喜悦。难得的是,这么多年来,彼此仍忠贞不贰，深爱对方，人们都很羡慕他们。

不过，包玉刚还是有一个未了的心愿，那就是收购置地。

置地被称为"皇冠上的明珠"，是包玉刚觊觎已久的目标。虽然像李嘉诚、郑裕彤等巨富也未能成功收购这颗明珠，但年事已高的包玉刚仍想一试。

1991年9月，包玉刚通过怡和总裁凯瑟克以前的旧部薛博理与凯瑟克接触，表示九龙仓欲作价每股10.25港元收购怡和持有的33%的置地股权。

明眼人一看就知包玉刚的意图：以100亿港元收购置地1/3权益，就可稳控市值300亿港元的置地。

置地在中环垄断了那儿的商业地皮，如能收购成功，加上九龙仓本身拥有的物业，包玉刚在商用物业上就可以称霸港九，市值大增了。

精明的凯瑟克听了包玉刚的意见后，他反建议说："置地以九龙仓市价加一成半，全面收购九龙仓。"

凯瑟克这一招应对得实在高明，因为全部九龙仓市值才190亿元，置地应付得来。

早在1980年，包玉刚从怡和手中夺走了九龙仓，已经令凯瑟克颜面扫地，甚是恼怒。但他也明白，包玉刚是不会把辛辛苦苦抢到手中的肥肉放弃的。凯瑟克提出这个建议，只不过是反唇相讥，告诉包玉刚："别以为只你有钱，想吞并置地？没门！"

随着华资势力的强大，九龙仓、会德丰等英资企业纷纷落入华资财团手里，致使怡和置地大惊失色。很清楚，华资集团的下一个目标就是他们。

于是，怡和立即改组，成立怡和策略有限公司，稳控怡和的控制权，并修改置地章程，规定怡和大班是置地的永远主席。这样一来，怡和只要持有25%股权，就能保住置地不会被强行收购。

包玉刚的努力失败了，直至这年的中秋之夜，与二女婿吴光正乘船出海赏月的时候，仍对自己的"最后一击"耿耿于怀。

一代船王溘然谢世

1991年9月23日,晨光初露,天色微红,对世界上大多数人而言,这是一个很普通的日子。中秋节刚过,不少香港市民还没有从睡梦中醒来,这东方大都会仍然像以往一样,大清早就开始热闹起来:遍布港九各角落的报摊已经开档做生意,茶楼里人声鼎沸、旺气喧天,山上、海边、公园里,不少市民正在晨练,街道上车水马龙,热闹非凡……一切仿佛与往常一样。但这一天却又是一个很特别的日子,令许多人悲恸伤感和震惊的日子。

这天清晨,一件令香港人,令许多国家领导人深感悲伤的事情,在美丽、清静的港岛南区浅水湾一栋青砖墙、木结构屋顶的住宅里发生。只是由于某种原因,外界并没有即时得到消息,到了下午,香港市民仍然没有听到这个噩耗,他们关注的焦点几乎放在与这所私人豪宅紧挨着的另一所豪华私宅的主人——香港首富李嘉诚的身上。

因为这天,几乎所有的报纸都在头版头条位置,转述英国《星期日泰晤士报》昨天刊载的一篇关于华人首富李嘉诚捐巨款给英国执政保守党，在香港引起了一场不大不小的轰动。

直至傍晚时分，清晨发生在浅水湾那间豪宅的不幸之事，才第一次通过电台传媒向外界公布：

> 在商界与政海叱咤风云的"世界船王"包玉刚爵士，已于今日清晨因呼吸系统疾病发作，抢救无效，在家中逝世，享年73岁。

一代天骄人物如今突然与世长辞，犹如晴天霹雳一般，令香港人震惊。容易淡忘的香港人突然间就把被新闻界炒得沸沸扬扬的李嘉诚捐款事件抛诸脑后，继而沉浸在对这位为香港的繁荣作出卓越贡献，令每一个中国人都感到自豪和骄傲的世界船王的怀念之中……

更令人想不到的是，就在包玉刚病逝之后不久，包玉刚也像李嘉诚一样，被传媒披露他捐款给保守党——而且包玉刚所捐的款项，比李嘉诚捐出的还多。

正被捐款事件困扰着的李嘉诚，向来视包玉刚为自己"可以推心置腹的好朋友"和难得的"好邻居"，当晚听到包玉刚与世长辞的噩耗后感到由衷地悲伤并十分惊讶："怎么会呢？这个月，我曾和他单独会面，我们谈了不少事情，就在几天前，我还和他通了电话……"

包玉刚病逝的噩耗来得太突然，他的一些女儿、女婿和外孙、外孙女远在国外，连见他最后一面的机会都没有，在接到家里的电话后，他们才匆匆地返港，心情是多么的悲痛。

好在与包玉刚恩恩爱爱一辈子的太太黄秀英，一直守候在他身旁,陪伴他度过人生最后的日子。虽然几年前包玉刚在美国被诊断为癌症,但由于他有一个研究癌症专家的女婿时常为他料理、诊治,加之包玉刚为人乐观,每天坚持锻炼身体,还时常周游列国,寄情山水,颐养天年,所以癌症一直没有进一步恶化。

虽然3年前包玉刚已经退休,把庞大的航运业王国交由4个女婿打理,但他还时常去中区会德丰大厦的写字楼,看看报纸,与老朋友叙旧话新,生活十分快乐。

虽然包玉刚近年脸上的老年斑增多,偶尔会哮喘吁吁,显得有些老态,但他精神饱满,声音洪亮,行动抖擞,时常开怀大笑,所以他仍然给人以年轻的感觉,不减当年的"海派作风"……

近一年来,包玉刚还时常外出游玩,或出席一些公开场合……

1990年,亚洲最高的大厦——香港中银大厦竣工,包玉刚应邀参加大厦剪彩仪式。他的头梳得一丝不乱、油光可鉴,穿着笔挺的"培罗蒙"西装,举着酒杯,与各界朋友畅谈。

1991年夏季,宁波市政府在香港举行乡谊会,包玉刚应邀出席,并用地地道道的宁波话向各位来宾致贺词。会上,包玉刚和宁波市领导畅谈宁波港建设,谈宁波大学的办学情况,谈怎样加快发展宁波。他还希望自己以后多回故乡看望宁波的乡亲父老。

不久,包玉刚又出席香港中国企业协会成立的酒会。酒会上,他笑口盈盈,频频举杯祝酒,和老朋友笑谈。

两个月前,包玉刚又兴致盎然地偕太太远飞美国,游山玩水,怡情散心,并会见了几个美国的亲朋好友。

9月22日,也就是包玉刚病逝的前一天清晨,天刚发亮,他就和女婿吴光正乘着豪华的私家游艇出海,吹海风,呼吸新鲜空气,欣赏广阔的海天秀色……

站在游艇上，包玉刚春光满面，意气风发，兴致勃勃地和吴光正谈生意，部署竞投有线电视，策划怎样再向英资财阀重拳出击，收购他虎视眈眈已久的置地集团。谈到兴奋时，他还对着大海振臂狂呼……

到了晚上，包玉刚和家里人聚在自家的花园里吃月饼，庆中秋，谈天说地，聆听浅水湾的涛声，观赏从家门口的海上升起的一轮明月……

这一晚，他心旷神怡，也一反平日早睡的习惯，到了22时多，还全无睡意，依然陪着太太、女儿、女婿和外孙说说笑笑。直至午夜他才回房休息。

23日的拂晓时分，包玉刚哮喘病突然发作，呼吸困难，奄奄一息。家人急急忙忙叫来医生，经一番抢救后仍然无效，一代船王就这样离开了人世。

船王葬礼极尽哀荣

1991年9月24日，也就是包玉刚病逝的第二天，世界各国各地的报纸、广播、电视都发布了"世界船王与世长辞"的消息。

几十年来，包玉刚在商界走南闯北、广结良缘，好友满天下。另外，他还凭着个人的知名度和公关才能，成为许多国家领导人的贵客，布什、里根、英女王、撒切尔夫人、基辛格博士、密特朗总统、中曾根康弘、李光耀等国际知名政要，都与包玉刚交情深厚。

所以，当包玉刚不幸病逝的消息传出，各国的领导人和各方好友纷纷发来唁电，表示对包玉刚逝世的极大悲哀。

包玉刚的逝世，党和国家领导人纷纷致以唁电，都对包玉刚先生的病逝，深为悼念。称赞包玉刚先生热心祖国建设，为实现"一国两制"身体力行，功在国家。

党和国家领导人在唁电中，认为包先生生前为中华民族的繁荣昌盛、祖国的和平统一，作出了巨大的贡献。

党和国家领导人在唁电中指出：包玉刚先生为保持香港的长期繁荣稳定，为祖国的四化建设，作出重大贡献，口碑载道，名垂后世。党和国家领导人的唁电表示：惊悉包玉刚先生辞世，殊甚悲痛，先生支援国家建设不遗余力，为香港的繁荣辛勤耕耘，对祖国统一大业竭精尽力。并向包先生家人致以亲切的慰问。

英国首相梅杰、日本首相海部俊树、新加坡总理吴作栋等外国领导人也给包玉刚家属发来唁电，对包玉刚的业绩给予高度的赞扬。美国总统布什还给包玉刚夫人发来亲笔慰问信，为失去一位好朋友表示深深的哀悼之情。

包玉刚生前的商界朋友，以及香港的不少商业机构和社会团体，也纷纷给包玉刚亲属发出唁电，对包玉刚的逝世表示沉痛的悼念。

包玉刚病逝的第二天，包氏家族的商业王国——九龙仓集团属下公司的旗帜都降半旗，向曾把九龙仓带进新时代的包玉刚爵士致哀。

1991年10月3日上午，世界船王包玉刚爵士的丧礼在位于北角渣华道的香港殡仪馆里隆重举行。

包玉刚今天出殡的消息早已公开，所以大清早，就有数百名市民前来殡仪馆，一睹世界船王的丧礼和出殡仪式。香港殡仪馆内萦绕着回肠荡气的哀乐。

包玉刚静静地躺在西式铜制灵柩里，遗容极其安详，仿佛正在酣睡之中。他的遗体穿着白衬衫，结上灰白色领带，外加燕尾西装——这是他生前参加宴会时很喜欢的穿着。遗体上还盖着一床红色陀螺经被，上面绣着金线经文。

包玉刚的灵堂设在一楼的基恩堂。灵堂色泽以黑白和灰色为基调，大厅两旁垂挂着白纱球和黑纱布，地上全铺上了新地毯，通道处地毯为深灰色，座位处则为浅灰色，700张棕色座椅全由包家运到。整个灵堂设置所需费用超过 200 万港元。

灵堂正前方设置一个陵墓形状的巨型灵台，灵台全部由纯白色的丁香花砌筑而成，漂亮而圣洁；灵台正中位置放着包玉刚的彩色遗像，灵台前摆放着一炷香、两支燃着的蜡烛和一盆生果。

包玉刚的遗像上面，鲜花围绕着一块横匾，上面写着 4 个大字：

名留千古！

在灵堂门外和福海堂内，以及殡仪馆旁边的公路旁，密密麻麻地摆放着各界送来的吊唁的花圈和花篮。我国党和国家领导人以及中央各部门致祭的花圈，就置放在灵台门口的最显眼之处。

到了 10 点多钟，出席丧礼的嘉宾已近 1000 人，他们个个身穿深色西装、白色衬衫，结黑领带，衣着庄重，神情凝重。

11 时，丧礼正式举行。香港演艺学院的管弦乐团奏起哀乐，香港佛教联会的觉光法师随即带领 25 名弟子，为包玉刚做法事。

之后，港督卫奕信、新华社香港分社社长周南以及包氏旗下多间公司的员工走到灵台前吊唁致祭。

接着，汇丰银行主席浦伟士和香港中文大学前校长马临分别用英文和中文致悼词——

包先生身上所体现出来的精神方面的力量，使他跨越因出身、种族和国籍不同而产生的界限；也使他跨越因偏见、传统观念所产生的界限。在很多方面，包先生显示出一个天生领袖的品德，无论做任何事情，都给后人留下深远的影响。

包先生办事计划周详,准备充足,工作勤奋;在谈判方面,表现非凡的耐力。他自奉甚俭,反对奢华的生活浪费。他一向善于运用金钱,不但用于投资新计划,给人创造更多的就业机会,也可以通过其他形式,用于发展教育,推动文化活动,提供体育设施和资助健康及福利机构,从而投资未来。

包先生思想开通,容许他的女儿自己选择大学和夫婿,也毫不犹豫地让女婿加入他的事业。包先生虽不是政治家,然而对政治却深谙其中真谛,因此不少世界领袖了解他,有的更成为他的个人朋友。

包先生主张健体强身,而当他要实现一个理想时,会以坚定的意念全力以赴,务求达到目的,他爱国,也爱香港。

包先生可靠的商业信誉和国际间的知名度,曾帮助香港登上世界舞台……

浦伟士和马临致完悼词,来自北京的男高音歌唱家马看海还唱起了一首悼念包玉刚的挽歌《多情的土地》:

(一)
你属于我,
我属于你,
朝朝暮暮在一起。
走千里,

走万里,

永在你的怀抱里。

做一颗种子泥土里埋,

开花结果为了你。

做一棵杨柳路边上长,

年年报道春的消息。

啊！多情的土地,

你属于我,

我属于你。

(二)

你属于我,

我属于你,

生生死死不分离。

我有一颗赤子心,

你有一片慈母意。

做一只百灵鸟蓝天上飞,

迎着那朝阳歌唱你。

做一棵青松高山上立,

年年为你挡风雨。

啊！多情的土地,

你属于我。

我属于你。

12时30分,来宾瞻仰包玉刚的遗容后,大殓开始。

为包玉刚扶灵的有8个人，除周南和撒切尔爵士外，其余6位都是包玉刚生前友好的商界巨子，他们是：有"影业巨子"之称的无线电视主席邵逸夫爵士、长江实业主席李嘉诚、汇丰银行主席浦伟士、汇丰银行前主席桑达士爵士、安子介和日本银行家池浦喜三郎。

这么显赫的人物，这么强大的阵容，为一个死者扶灵，这在香港的历史上还是第一次；包玉刚逝后极尽哀荣，丧礼极尽隆重，为香港的名流丧礼写下历史的一页。在觉光法师的诵经声中，8位政要名流扶着包玉刚的灵柩，缓缓地走着，将包玉刚带进另一个天地，另一个世界……

包玉刚葬在何处？曾有消息说：包玉刚于生前为自己买了一块地作为百年后的安息之所，地点在深圳大鹏湾的华侨永久墓园。

在包玉刚黑色的墓台上，镌刻着这位世界航运奇迹的创造者的治家格言——

持恒健身，勤俭建业。

又有人透露：包家在香港的公墓也曾买有墓地。但最有根有据的说法是：包玉刚葬在夏威夷——因为包玉刚的遗体从殡仪馆运往了机场。对于包玉刚为何选择夏威夷这个遥远的海岛作为自己永远的归宿，众说纷纭。有人说是曾有高人指点，说夏威夷风水好，有助包家世世代代兴盛不衰……

但据包氏家族的成员所说，这是因为包玉刚生前喜爱夏威夷。包玉刚生前的近20年间，每年他至少都要游夏威夷一次，有时还是带着家人一起去的。夏威夷明媚的阳光、洁净的空气、蔚蓝的海水……让几十年来在商界奔波劳碌的包玉刚忘却了疲劳和烦忧。

包玉刚的心愿是,在他百年归老之后,他仍然可以像以往那样,在夏威夷这个他十分喜爱和熟悉的地方,游泳、晒太阳、吃海鲜、打高尔夫球……

正如港督卫奕信爵士在包玉刚逝世后发表的声明中表示的:

> 包玉刚爵士是本港一位著名商人,同时他也是香港第一位在国际社会中享有很高威望的人物。

附：年　谱

1918 年农历十月十三，在浙江宁波钟包村出生。

1926 年 9 月，在叶氏中兴学校入学。

1931 年，从宁波赴汉口，在包兆龙的平和鞋帽庄学生意，后进英商安利洋行保险部做实习生。

1937 年，与黄秀英女士结为夫妻。

1938 年，从汉口去上海加入中央信托局。

1939 年，在赴昆明途中首次经过香港。

1942 年，任中央信托局衡阳办事处保险部主任、中国工矿银行衡阳分行经理。

1944 年，任中国工矿银行重庆分行经理。

1945 年，从重庆到上海，任上海银行营业部经理、上海银行副总经理。

1948 年，包兆龙出售国丰造纸厂，同家人移居香港。

1949 年 3 月，移居香港，从事与内地的进出口贸易，任新联公司总经理。

1955年，购买第一艘船"金安号"，创建环球航运有限集团。

1958年，任命李唯勇为伦敦公司负责人。

1960年，参股于会德丰、马登公司控制的亚洲航业有限公司。

1961年，建造第一艘货轮"东梅号"。

1962年，任命东京、纽约分公司负责人张培明及李保罗。

1963年，购买第一艘二手油轮。

1965年，开拓国际石油运输市场取得实质进展，壳牌、埃克森、英国石油公司等租用大量环球集团船只；取得亚洲航业控股权；获得日本函馆市荣誉市民称号。

1966年，第一艘新造油轮"世冠号"在日本交货；创办环球海员训练学校。

1969年，第一艘超级油轮"世丰号"在日本交货；任命包玉星为新加坡分公司负责人。

1970年5月，母亲陈赛琴女士逝世；与汇丰银行正式合作；任恒生银行董事；长婿苏海文博士加入环球航运集团。

1971年，任汇丰银行董事；获得日本大阪市荣誉市民称号。

1972年，环球航运有限公司在百慕达成立并成为集团；环球金融投资公司同汇丰银行和日本兴业银行合作。

1973年2月，美国《财富》杂志称包玉刚为"海上的统治者"；第一百五十艘新造货轮订购合同签字；捐款建造的香港大学包兆龙保健中心落成；获委任为美国大通银行国际咨委会会员。

1974年，第一百艘新造油轮"世煦号"交货；环球航运集团船只总吨位超过1000万载重吨。

1975年，荣获香港大学荣誉法学博士学位；荣获日本佐世保市荣誉市民称号；捐款建造的香港仔游泳池落成；二婿吴光正加入环球航运集团。

1976年3月，美国《新闻周刊》封面文章称包玉刚为"海上之王"；获英国女王授予的CBE勋衔；12月，在美国哈佛大学商学院发表著名演讲《经营航运业的心得》。

1977年11月，荣获香港中文大学荣誉法学博士学位；11月香港艺术中心包兆龙楼落成；荣获巴西勋衔；任日本兴业银行顾问。

1978年，环球航运集团船队总吨位超过2000万载重吨；40000吨特大超级油轮"肚福号"下水，并租给巴西石油公司，为期10年；被英国女王伊丽莎白二世封为爵士；捐款建造的香港仔室内运动中心落成。

1979年，当选为国际独立油轮船东协会主席，该协会总部设在挪威奥斯陆。

1980年6月，收购九龙仓有限公司，出任九龙仓主席；为巴西援助协会捐款；正式访问北京、上海，组建国际联合船舶投资有限公司；获委任汇丰银行副主席。

1981年，捐款建造香港理工学院包兆龙轮机训练实验室落成；荣获日本三级勋章；获委任美国电报电话公司咨询委员会会员。

1982年11月，父亲包兆龙先生逝世，成立包兆龙教育基金；荣获比利时及巴拿马勋衔。

1983年，三婿渡伸一郎加入会德丰的科恩斯公司。

1984年10月，从香港第一次返回故乡宁波；获委任美国联合技术公司咨询委员会会员。

1985年3月，收购会德丰有限公司，出任会德丰主席；6月被中国全国人大常委会委任为香港基本法起草委员会副主任委员；设立包兆龙、包玉刚中国留学生奖学金基金；10月捐资建造的北京兆龙饭店落成，捐资建造的上海交通大学包兆龙图书馆落成；10月收购港龙航空公司30%股权，出任港龙主席。

1986年，捐赠1400万英镑，同中英政府共同创立中英友好奖学金；7月购入英国渣打银行股份，出任渣打银行副主席；9月捐赠2000万美元创建宁波大学；10月任国务院宁波经济开发协调小组顾问；11月宁波包兆龙路通车，包玉刚图书馆落成。

1987年，四婿郑维健加入环球航运集团；10月捐款重建的宁波镇海庄市中兴中学落成；捐款建造的杭州包玉刚游泳池落成；包夫人黄秀英捐款建造的黄鉴湘门诊楼落成；访问合肥市。

1988年6月，收购美国奥姆尼饭店集团；捐款250万英镑建造的英国电影学院博物馆落成；包氏家族退出渣打银行。

1989年6月，宣布退休；11月苏海文退出港龙航空公司；11月认捐港币500万元助建宁波大学体育中心，该中心于1991年年初落成。

1990年6月，获颁发香港特别行政区基本法起草工作纪念牌；10月捐赠630万元人民币兴建宁波大学图书馆，该馆于1992年8月落成；11月认捐港币500万元兴建合肥市第三人民医院"包兆龙住院楼"，工程于1992年年底完成。

1991年7月，捐赠港币1000万元兴建宁波市第二医院住院大楼，工程于1993年年底完成；8月，捐赠港币500万元赈济浙江省水灾灾民；9月23日，病逝于香港寓所。